粤港澳大湾区背景下侵权比例责任研究

Research on Tort Proportional Liability under the Background of the Guangdong-Hong Kong-Macao Greater Bay Area

景 艳◎著

中国政法大学出版社

2024·北京

声　　明　　1. 版权所有，侵权必究。
　　　　　　2. 如有缺页、倒装问题，由出版社负责退换。

图书在版编目（ＣＩＰ）数据

粤港澳大湾区背景下侵权比例责任研究/景艳著.—北京：中国政法大学出版社，2024.8
ISBN 978-7-5764-1497-4

Ⅰ.①粤…　Ⅱ.①景…　Ⅲ.①侵权法－研究－中国　Ⅳ.①D923.04

中国国家版本馆CIP数据核字(2024)第108039号

书　　名	粤港澳大湾区背景下侵权比例责任研究
	Yuegangao Dawanqu Beijing Xia Qinquan Bili Zeren Yanjiu
出 版 者	中国政法大学出版社
地　　址	北京市海淀区西土城路25号
邮　　箱	fadapress@163.com
网　　址	http://www.cuplpress.com（网络实名：中国政法大学出版社）
电　　话	010-58908435(第一编辑部) 58908334(邮购部)
承　　印	固安华明印业有限公司
开　　本	880mm×1230mm　1/32
印　　张	8.25
字　　数	183千字
版　　次	2024年8月第1版
印　　次	2024年8月第1次印刷
定　　价	46.00元

前　言

2019年12月广东省高级人民法院首次公布了第一批"粤港澳大湾区跨境纠纷典型案例",直到2023年12月已经公布了七批跨境纠纷典型案例,充分体现广东法院积极发挥审判职能,努力营造粤港澳大湾区市场化法治化国际化营商环境。这些跨境纠纷典型案例对全省乃至全国法院审理类似民商事案件有着重要的指导意义和引领作用。

"粤港澳大湾区"概念的雏形发源于20世纪90年代,其主要动因是对港澳回归后的发展走向进行思考[1],而其真正落地是借力于"一带一路"倡议的提出和中央政府对港澳发展前景的谋划。"粤港澳大湾区"于2015年第一次被正式提出,由广州、深圳、珠海、佛山、惠州、江门、东莞、肇庆、中山9个珠三角城市和香港、澳门两个特别行政区组成,区域面积约5.6

---

[1] 1994年,原香港科技大学校长吴家玮教授受国外经验启发率先提出"香港湾区"概念,后由于深圳的加入而演化成"深港湾区";其后澳门大学黄枝连教授也提出了建设"伶仃洋湾区"或"华南湾区"的设想。参见吴家玮、雷鼎鸣、邵思思:《粤港澳大湾区要着眼世界》,载《同舟共进》2017第11期;黄枝连:《探索"大珠三角"的可持续发展——关于粤港澳在珠三角交流协作的理论与实践》,载《计划与市场探索》2003第1期。

粤港澳大湾区背景下侵权比例责任研究

万平方公里,人口约 6600 万。粤港澳大湾区建设被纳入国家顶层设计,成为国家战略,也是我国"一带一路"建设的一个重要部分。粤港澳大湾区建设既是新时代推动形成全面开放新格局的新尝试,也是推动"一国两制"事业发展的新实践。在粤港澳大湾区建设中,尤其是打造具有全球竞争力的法治化营商环境,司法承载着重大的责任和使命,为提升我国在区域与全球治理方面国际话语权提供宝贵经验。

在广东省高级人民法院发布的第一批"粤港澳大湾区跨境纠纷典型案例"中,有两起案例是法官审理后判决侵权行为人按照一定比例承担责任。侵权比例责任是侵权责任的分担形式,法院通常在确定构成侵权责任后,通过比较数位侵权人的过错或原因大小,最终确定侵权人按一定比例分担责任。

本书结合粤港澳大湾区的背景下跨境纠纷典型案例展开,全面分析研究侵权比例责任,分为四个部分,依次是侵权比例责任的一般理论、侵权比例责任的类型考察、我国侵权责任法引入侵权比例责任的必要性及理论基础,以及探索侵权比例责任在我国侵权责任法实践中的可行性模式。

第一章从侵权比例责任的概念入手,追溯到美国 John Makdisi 教授最早提出比例因果关系。他认为可以通过证明因果关系的可能性比例,确定侵权人承担侵权责任的比例。比例因果关系为侵权比例责任的构成奠定了理论基础。因此,早期有学者称其为因果侵权比例责任,现在大多简称为侵权比例责任。当侵权行为与损害结果之间因果关系不十分确定时,按照传统的侵权法"全有或全无"原则,应由受害人负责举证,以证明侵权行为与损害结果的因果关系达到证明标准,达到则侵权人承担全部赔偿责任,不能达到则侵权人不承担任何责任。而按广义上的侵权比例责任,则不论侵权行为与损害结果之间因果关系是否达到证明标准,只要侵权人造成受害人损害,就应该在侵权人与受害人之间、数个侵权人之间或侵权人与第三人之间,按照各自原因力大小或过错大小的比例,分担侵权责任。

对侵权比例责任的比较法考察表明,目前侵权比例责任在全球适用情况大体分为三种:第一种情况是"部分承认和应用",有关国家和地区的司法实践灵活性较大,对"侵权比例责任"的接纳度也较高,出现了一些创造性的做法,奥地利、英国、以色列、荷兰、美国和日本属于此类。第二种情况是"不承认法理,但事实上局部应用",有关国家和地区面对"因果关系的不确定性"时,明面上虽未直接承认侵权比例责任,但现实司法实践中的适用情况大量存在,或利用侵权比例责任中"机会丧失"规则来代替侵权比例责任,或在法官的自由裁量中暗用了侵权比例责任,法国、意大利、波兰、西班牙和瑞士属于此类。第三种情况是"不承认也不适用",有关国家和地区不承认也不适用侵权比例责任,原因大多是司法界囿于传统司法实践中对因果关系的执念,捷克、丹麦、德国、希腊、挪威和南非属于此类。

本章随后对已经部分承认和应用侵权比例责任的国家和地区,研究其侵权比例责任的相关规定和司法实践中侵权比例责任的发展状况。如《欧洲侵权法原则》关于侵权比例责任的规定,以色列、荷兰、奥地利、英国、美国和日本的侵权比例责任制度。现有关于侵权比例责任的法律规定和司法实践表明,侵权比例责任理论的提出符合侵权责任构成的公平原则,符合侵权责任范围确定理论中的正义原则,符合侵权责任分担理论中的有效分配原则,也符合侵权责任法社会效应的威慑目的。

第二章是对侵权比例责任的类型进行比较法考察。虽然有些国家和地区已经有侵权比例责任及相关概念,但为了统一表述和一致理解,有学者将"侵权比例责任"进行了分类。此分类是以"损害"为基础,将侵权比例责任分为 A、B、C、D 四类和九个子类。A 类是"因果关系不明的既有损害",包括五个子类型:A1 子类型是"侵权人不确定",指一个案件有多个侵权人,不确定哪位侵权人的行为造成受害人损害;A2 子类型是"侵权人与受害人之间因果关系不确定",指多个侵权人导致多个受害人损害,不能确定哪个侵权人导致哪个受害人损害;A3 子类型是"受害人不确定",指众多可能受害人中,真正受害的人不确定;A4 子类型是"致害具体原因不确定"的疑难案件,指多因一果的情况中,不能确定是具体某个或某些原因造成的损害;A5 子类型是"机会丧失"的损害不确定,指受害人不受损害的机会或者获得利益的机会减少,机会减少的可能性不确定。B 类是"既有损害中不确定的部分",包括两个子类型:B1 子类型是"多数人侵权各自损害不确定",指多个侵权人都造成受害人损害,不能确定哪个侵权人造成了哪部分损害;B2 子类型是"非侵权人原因造成的损害不确定",指不能确定侵权人以外的其他原因造成受害人损害的部分。C 类是"不确定的未来损害",包括 C1 子类型"未来损害完全不确定"和 C2 子类型"未来损害的程度不确定"。以上各种类型的交叉、合并情况,均归入 D 类复合型。

本章首先对各个类型情形进行描述,然后结合每个子类型的典型案例,对比适用侵权比例责任与连带责任、无责任以及其他责任的法律效果,总结分析侵权比例责任在此类案件中适用的利弊,其次呈现各子类型案例在 16 个国家和地区中选择的

前　言

责任形式的调查结果，最后简单说明我国侵权责任法对此类型的解决路径。目前，对于 A1 子类型"侵权人不确定"的案件，我国侵权责任法先判断因果关系是否成立，如果因果关系成立，一般要求侵权行为人承担连带责任；如果因果关系不成立，侵权行为人不承担责任。对于 A2 子类型"侵权人与受害人之间因果关系不确定"的案件，我国将其认定为"大规模产品侵权"，按产品责任侵权承担责任，尚未采取市场份额原则。对于 A3 子类型"受害人不确定"的环境污染案件、药品案件，我国侵权责任法要求符合侵权构成要件中因果关系成立，才能承担责任。在环境污染案件中，根据污染物的种类、排放量等因素分担侵权责任。对于 A4 子类型"致害具体原因不确定"的疑难案件，我国侵权责任法将区分主要原因和次要原因，再根据各种原因的原因力大小，分担侵权责任。如果无法查明各种原因的原因力，则平均分担责任。如果受害人有过错，根据受害人过错大小，实行过失相抵，最终减免侵权人的部分责任。对于 A5 子类型即"机会丧失"的损害不确定的案件，我国侵权责任法认可"存活机会丧失"的侵权责任。但对于受害人"获奖机会丧失"则要在合同法范畴中讨论，目前侵权责任法没有这方面的明确规定。对于 B1 子类型"多数人侵权各自损害不确定"的案件，在我国属于共同危险行为，基本是按照侵权比例责任原则分担责任，一是能够确认责任大小的，各自按照自己责任比例承担，二是不能确认责任大小的，平均承担，这也是一种侵权比例责任。对于 B2 子类型"非侵权人原因造成的损害不确定"的案件，我国法适用上也比较复杂。第一种是受害人有过错的，实行过错相抵，以受害人过错部分减免侵权人的责任；第二种是第三人过错，共同侵害受害人的，侵权人与第三人分担责任。

这两种可以认为适用的是侵权比例责任。第三种是其他因素侵权无法追究责任的，如多个侵权人造成损害的，不能确定各自份额的，一般采取连带责任。对于 C 类将来的损害，我国侵权责任法目前不支持将来损害的赔偿，只是保留诉权。

结合侵权比例责任的分类和适用，本书进行两个方面的思考：一是判断是否适用侵权比例责任的四个步骤；二是总结七个与侵权比例责任相关的因素。比较分析各国侵权比例责任的具体类别之后，探索侵权比例责任与我国现有侵权制度如何结合，是本书重点和难点。

第三章是我国侵权责任法借鉴侵权比例责任的必要性及理论反思。目前世界许多国家和地区的法学与实践已经开始认真研究侵权比例责任，而我国侵权责任法学界关于侵权比例责任的研究仍相对欠缺。

本书认为，侵权比例责任对解决我国侵权责任法中责任分担问题大有裨益。我国现行侵权责任法确定行为人承担侵权责任的理由，即归责方面有着明确合理的规定，但对于责任的分担却缺少明晰的科学标准。虽然我国侵权责任法也提到了按照各自"责任大小"分担责任，承认了侵权责任的分担原则，但对具体的分担方式并没有明确规定，未能解决实际责任比例的划分。

我国现有归责原则在适用上受多种因素影响，如因果关系不明、原因力和其他因素介入等。其一，因果关系不明影响归责。侵权法的因果关系分析包含两个层面的意义：一方面是责任成立的因果关系，是确定不法行为与受害人的权利侵害间应该存在因果联系；另一方面是责任范围的因果关系，是认定被侵害的权利（如身体侵害）与后续发生的损害（如为获得救济

前 言

发生的支出)之间必须存在因果联系。侵权因果关系不确定即事实因果关系不能确定,传统侵权法往往认定:因果关系不确定即因果关系不成立。因此,侵权人不承担责任,受害人无法获得救济。此举与侵权责任法补偿功能的价值目标不符。其二,原因力影响归责:如果某行为的原因力大到足以改变事物原本的进程,则该行为为原因,其与损害结果之间存在因果关系,反之则为单纯条件,其与损害结果之间的因果关系不能成立。因此原因力的大小影响因果关系的成立,因果关系又影响归责。其三,其他介入因素(包括受害人之过错、第三人之过错、自然原因、动物之行为)也影响归责。如当第三人的行为只造成损害的部分原因时,侵权人是否应当承担责任,如何分担责任值得研究。现有的侵权法在解决多数人侵权,难以确定责任大小的责任分担时,一般笼统地采取连带责任形式,确实难以分担时,采取平均分配。这些简单、模糊的责任分担形式严重影响了侵权法的公平、正义和威慑力。侵权比例责任可以解决因果关系的证明问题,简化承担连带责任之后再去行使追偿权的复杂过程。

　　侵权比例责任的相关因素是侵权行为因果关系可能性、原因力和过错。首先,因果关系可能性是判定侵权责任的成立与承担责任的范围。其次,比较原因力和过错是确定侵权人责任比例的重要依据,主要是在侵权人和受害人之间、多名侵权人之间、在侵权人与其他因素之间的比较。由于归责和损害赔偿两个阶段所参照的标准基本相同,责任构成的三阶段理论也可以在归责后的损害赔偿阶段予以借鉴,即先考察正当性范畴的原因力,再考虑有责任性范畴的过错。因此,我国通常采取先比较原因力的大小,再比较过错的程度确定侵权比例责任。

粤港澳大湾区背景下侵权比例责任研究

确定侵权比例责任,在关系范畴中是比较原因和比较过错,在适用范畴中形成了参与度、机会丧失原则和市场份额原则等理论。适用范畴中,一是参与度广泛应用于医疗事故侵权、交通事故侵权和环境污染侵权。二是机会丧失理论(The "Lost Chance" Doctrine)作为确认侵权比例责任的依据之一,其核心内容有三个方面,第一个方面是损害赔偿的客体指"丧失的机会",并非受害人遭受的直接损害;第二个方面是受害人无须证明加害行为与最终损害之间的因果关系,只需证明加害行为与机会丧失之间的因果关系;第三个方面是赔偿金的计算需权衡受害人丧失的机会价值。三是市场份额责任(Market-share Liability),多家企业的缺陷产品致人损害而又不能证明具体是哪家企业的产品致害时,由此产品的生产企业按其产品占有市场之份额对被害人承担一定比例的赔偿责任的理论。市场份额责任属于一种企业责任,主要是适用于企业的产品责任。一般而言,"企业的市场份额越大,获得的利润就越大,应该承担的赔偿责任就越大"。

第四章是侵权比例责任在我国侵权责任法中的实践探索。截至 2023 年 12 月 18 日,"中国裁判文书网"可查到我国司法实践适用侵权比例责任的案件有 4634 件。目前,我国对于侵权比例责任的关注主要体现在两个方面:一方面是立法领域对于侵权比例责任的认可态度,另一方面是理论研究领域对于侵权比例责任的有关探讨。这一章主要从以下三个方面探究:一是我国司法实践引入各类型侵权比例责任的必要性;二是同类型案件中,我国目前法律解决方案和侵权比例责任方式的优劣比较;三是侵权比例责任在我国现有侵权法律中的相容性。

结合我国侵权责任主要构成要件即损害、过错、因果关系,

前 言

本书尝试从此三个维度来透视侵权比例责任,对侵权比例责任进行合理的分类。本书将侵权比例责任分成四类:侵权关系主体不确定、因果关系不确定、具体损害不确定和复合型规划侵权比例责任的类型以及各类子类型。侵权关系主体不明对应的是侵权人和受害人过错认定的侵权比例责任问题,因果关系不确定对应的是因果关系的侵权比例责任问题,具体损害不确定对应的是损害的侵权比例责任问题。如"侵权关系主体不确定"又包括"具体侵权人不确定"和"受害人范围不确定"两个子类型。"侵权因果关系不确定"又包括"侵权人与受害人之间因果关系不确定"和"具体致害原因不确定"两个子类型。"具体损害不确定"包括五个子类型:"损害全部不确定""多数侵权人所致损害部分不确定""造成受害人部分损害的其他因素不确定""未来损害完全不确定"和"未来损害扩大程度不确定"五个子类型。分类的同时对各国对各种子类型的认可程度作了相关的调查研究。

  侵权比例责任在我国侵权责任法中的实践探索是依据侵权比例责任类型化进行的。"具体侵权人不确定"的情况通常和建筑物中抛掷物品的责任相结合,现代化的科学方法可以缩小侵权人范围,在责任主体趋于明确的情况下分担侵权比例责任;"受害人范围不确定"与环境污染案件相结合,在对受害人进行排查后,依据污染物排放量、排放范围等参与度确定侵权比例责任;"侵权人与受害人之间的因果关系不确定"和大规模产品侵权案件结合,依据市场份额划分侵权比例责任;"具体致害原因不确定"与医疗纠纷案件结合,依据医疗鉴定确认的医疗过错参与度确定侵权比例责任;"损害全部不确定"与机会丧失案件结合,通过对机会利益价值进行量化确定侵权比例责任;"多数侵权人所致损害部分不确定"通常与多个车辆造成的交通事故案件结合，根据事故双方的过错和原因力大小确定各方侵权比例责任；"造成受害人部分损害的其他因素不确定"与提供劳务者损害案件结合，依据双方各自的过错承担分担侵权比例责任。

当然，侵权比例责任的适用尚未臻完善，尤其在我国侵权责任法语境里更是如此，其分类的规范化、系统化，与侵权责任各归责原则的关系、引入后造成的责任分担形态的变化等还需细密、深入的探索，这正是笔者下一步致思的方向。

囿于笔者学识水平，疏漏之处在所难免，恳请方家批评指正。

作　者

2024年3月18日

目 录

导 论 ·· 1

第一章　粤港澳大湾区背景下侵权比例责任的一般理论 ······ 14
第一节　侵权比例责任的概念 ································· 17
第二节　侵权比例责任的发展 ································· 24
第三节　侵权比例责任的意义 ································· 56
本章小结 ··· 61

第二章　侵权比例责任类型考 ·································· 63
第一节　A类：因果关系不确定的既有损害 ·············· 65
第二节　B类：既有损害中不确定的部分 ·················· 98
第三节　C类：不确定的未来损害 ·························· 109
第四节　D类：复合不确定型 ································ 119
第五节　类型化后的思考 ······································ 121
本章小结 ··· 125

第三章　借鉴侵权比例责任的必要性及运用侵权比例
　　　　责任的理论支撑 ······································· 126
第一节　侵权比例责任与我国侵权责任法研究的深化 ··· 126

第二节　侵权比例责任的相关因素和核心标准 ………… 143
　第三节　侵权比例责任的适用依据 ………………………… 162
　本章小结 ………………………………………………………… 179

第四章　侵权比例责任在我国侵权责任法中的实践探索 … 181
　第一节　"侵权主体不确定型"侵权比例责任在我国
　　　　　司法实践的探讨 ……………………………………… 193
　第二节　我国侵权责任法"侵权因果关系不确定型"侵权
　　　　　比例责任的司法实践 ………………………………… 204
　第三节　我国侵权责任法"具体损害不确定型"侵权比例
　　　　　责任的司法实践 ……………………………………… 213
　本章小结 ………………………………………………………… 230

结　论 …………………………………………………………… 232

参考文献 ………………………………………………………… 234

后　记 …………………………………………………………… 247

导 论

一、问题的缘起

自 2019 年 12 月广东省高级人民法院首次公布了第一批"粤港澳大湾区跨境纠纷典型案例"以来,其中有两起案件是法院审理后判决侵权行为人按照一定比例承担责任。法官认定行为人构成侵权后,如何划分责任比例?按比例分担法律责任的依据是什么?这些问题值得深思。

案例一是 2020 年发布的第一批粤港澳大湾区跨境纠纷典型案例"永绅公司诉粤飞公司等船舶碰撞损害责任纠纷案——确定内地船舶在澳门水域碰撞责任认定"。这起案件涉及损害赔偿责任的确定与分担。主要案情是"粤肇庆货 9028"轮与"博运 882"轮均为内地内河船舶,核定的航区为内河 A 级航区。2014 年 5 月 3 日,两船在澳门水道嘉乐庇大桥 15 号航标附近会遇,在 14 号至 15 号航标之间发生碰撞。两轮碰撞事故导致"博运 882"轮船首左舷出现小面积凹痕及一道裂口,"粤肇庆货 9028"轮左舷侧挂吸沙管损坏。"博运 882"轮触碰 14 号灯桩相连接的桥梁警示栏杆导致其部分折断落水。澳门特别行政区土地工务运输局出具公函说明"博运 882"轮所有人已赔偿航标设施损失。珠海海事局湾仔海事处出具《调查结论书》，认定"粤肇庆货9028"轮和"博运882"轮对本次碰撞事故负同等责任。两船所有人分别就损失向对方主张索赔。

首先对于法院是否有管辖权，广州海事法院一审判决认为，本案双方当事人均为内地企业，内地法院对案件有管辖权。其次对于碰撞事故的事实认定和法律适用，因船舶碰撞事故发生在澳门水域，事故责任可以参照适用《1972年国际海上避碰规则》进行判定。"粤肇庆货9028"轮与"博运882"轮均存在违反《1972年国际海上避碰规则》的情形，对事故发生过错相当，应对本次事故各承担50%的责任。裁判结果是：在查明各方损失的基础上，广州海事法院按责任比例判令双方各自赔偿对方船舶损失。判后，双方当事人均提起上诉。广东省高级人民法院二审判决驳回上诉，维持原判。

这个案件的典型意义在于：广州海事法院依法认定澳门特别行政区公文书的证据效力，参考海事部门的调查报告，按责任比例对内地船舶在澳门管辖水道发生碰撞事故责任和损失数额作出认定。本案中责任比例是如何确定的值得探讨。

案例二是2022年发布的第四批粤港澳大湾区跨境纠纷典型案例"人防公司诉粤和兴公司、太平洋保险深圳分公司侵权责任纠纷案——认定国际帆船比赛中无故意或者重大过失的参赛者对碰撞事故不承担责任，完善赛事侵权规则"，这起案件涉及是否构成侵权与损害赔偿责任的分担。主要案情是中国杯帆船赛组委会发布第十届中国杯帆船赛赛事公告载明：赛事在深圳及香港水域举行，执行《国际帆联帆船竞赛规则2013-2016》(RRS)。人防公司"白鲨号"游艇、粤和兴公司"中国杯24号"游艇自愿报名参赛。"中国杯24号"在太平洋保险深圳分公司处投保第三者责任保险。竞赛期间,上述游艇发生碰撞并不同程度受损。粤和兴公司确认"中国杯24号"违反竞赛规则第11条,但主张当时处于激烈竞赛环境中,对案涉事故的发生没有主观上的过错,并主张"白鲨号"违反竞赛规则第14条,应承担案涉事故的主要责任。因双方对事故责任和赔偿金额未能达成一致,人防公司遂提起诉讼,请求判令粤和兴公司向其赔偿船舶修理费用等损失共计514 459元,太平洋保险深圳分公司在保险责任范围内向人防公司承担赔偿责任;粤和兴公司反诉请求人防公司向其赔偿船舶维修费用等损失共计429 352元。

本案一审、二审在事实认定和法律适用上有差异。广州海事法院一审认为,本案属于船舶碰撞损害责任纠纷,综合两船违规程度等情况,酌定"中国杯24号"和"白鲨号"对事故各承担90%和10%的责任,判令双方按照相应比例赔偿对方船舶维修费等损失,太平洋保险深圳分公司在保险责任范围内承担赔偿责任。一审认定双方当事人因违规而构成侵权,并按照违规程度的相应比例赔偿对方损害责任。广东省高级人民法院二审认为,本案为帆船竞赛中发生碰撞事故引发的侵权损害赔偿责任纠纷,双方帆船系自愿参加具有一定风险的文体活动,应适用《中华人民共和国民法典》第1176条关于自甘风险的规定认定双方责任,不宜以违规即认定构成侵权。本案双方游艇对案涉事故的发生均不存在故意或重大过失,均不得请求对方承担侵权责任。故撤销原判,改判驳回人防公司、粤和兴公司的本诉和反诉请求。

此案的典型意义在于:人民法院依据《中华人民共和国民法典》自甘风险规则认定帆船竞赛碰撞事故损害赔偿责任,明确致害人如无故意或重大过失,仅违反竞技规则并不构成民事侵权，为国际帆船运动提供法律保障。笔者由此产生思考，一审法院判令双方按照90%和10%的相应比例赔偿对方船舶维修费等损失承担责任，责任分担的依据是什么？

为此，笔者结合司法实践探索侵权比例责任。随后发现英美法系中早已存在"侵权比例责任"（Proportional Liability）这一概念。经过查阅大量资料，发现侵权比例责任是一个较责任比例更宽阔的责任分担形式，侵权比例责任和责任比例是两个不同的概念。责任比例主要是在大陆法系侵权责任中适用，是一个侵权责任比例的划分问题，即按一定比例分担侵权责任。英美法系中的侵权比例责任既可以解决大陆法系责任比例问题，同时还可以解决某些因果关系不明的其他侵权问题。它在英美法系上所解决的问题也不仅是一个责任比例的问题，而且英美法系对侵权比例责任的运用已经形成了一种侵权分担制度。

虽然英美法系中运用侵权比例责任解决问题，但在大陆法系上另有解决方案。比如共同侵权行为，多数侵权人造成损害，由多个侵权人承担连带赔偿责任。连带赔偿责任，是为了保护受害人，即受害人可以向任何一个侵权人要求全部赔偿。实际上，连带责任并不排斥数个侵权人内部按照一定责任比例划分，并通过行使追偿权实现的责任分担。又如共同危险行为中，能够确定责任大小的，各自承担相应的责任。各自承担按份责任，是一种比较过错或原因大小之后，确定责任比例的做法。难以确定责任大小的，平均承担赔偿责任，也是一种平均侵权比例责任。侵权比例责任作为一项制度，在纠纷中有很多解决方案，比如连带责任、按份责任、平均责任。

侵权比例责任和责任比例都是通过比较过错，比较原因力来划分责任。大陆法系中多数人侵权的问题，也是责任比例划分问题，划分的时候是根据原因力的大小、过错等进行比例划分。因此，可以将侵权中责任比例看作是侵权比例责任的一部分。狭义的侵权比例责任只是在因果关系不明时，分担侵权责任；广义的侵权比例责任则不论因果关系是否明确，既包括因果关系不明的责任比例划分，又包括因果关系明确时的责任比例划分。侵权比例责任制度既可以解决大陆法系上用责任比例解决的一些问题，还可以解决一些因果关系不明的其他侵权问题。比如大陆法系目前还没有办法解决的市场份额中的侵权责任问题。

侵权责任的主要任务有两个方面：一是关于认定责任的成立。侵权法的一般规定是：如果侵权人的行为确实存在过错，依据传统证据规则"举证标准"，受害人需要提供证据证明因果关系可能性。最终依据受害人提供证据所证明的因果关系可能性，法院对侵权人是否承担责任作出判决。当侵权人确有过错，而受害人无法证明其受到的损害与侵权人的侵权行为有因果关系可能性时，法院以因果关系不成立为由判决侵权人不承担责任，"无责任"的结果可能会导致不公正；当某一侵权人实际没有造成全部损害，但要求其承担全部侵权责任，亦可能导致不公正。因此，无论是"全有"还是"全无"责任都将导致不公正。而有些法院采用侵权比例责任原则，根据被害人侵权行为造成损害的可能性对受害人进行赔偿。

二是关于侵权责任的分担。在许多共同侵权案件中，当具体侵权人无法查明时，各国侵权责任法惯例的做法是适用连带责任。此举导致承担责任的人可能要为本不属于自己的责任份额承担赔偿责任，尤其是在共同危险、高空不明抛掷物等因果关系不明侵权的情形下，承担责任的人可能不是造成实际损害的行为人。这种现象的存在对于实际承担了"超额"责任的民事主体不公平，也容易引发人们对于司法公正的质疑。侵权比例责任强调，损害赔偿应当按照责任大小比例，在责任人之间进行公平分担。当侵权责任大小比例难以判定时，则可依据比例因果关系中的"比例"分担赔偿数额，以最大化地接近比例分担这一公平分担方式。由此，侵权比例责任在侵权法责任分担方面具有科学性、精准性和可操作性。

随着科技的不断发展，法官在审判多种原因造成损害结果的侵权案件时，需要综合分析侵权人与受害人之间的各种因素，比较多名侵权人之间或者侵权人与受害人之间的过错、原因力，最终在责任分担上按照一定比例判决其承担民事责任。据查询中国裁判文书网，截至 2023 年 12 月 18 日我国司法实践中已有 4634 起案件适用侵权比例责任形式，并呈上升趋势。这表明我国的司法实践中已经蕴含着"侵权比例责任"的精神。

二、本书研究的目的与意义

侵权比例责任在我国司法实践已经初见端倪，最常见的是在机动车交通事故中，法院大多依据交警部门出具的事故责任认定书判决双方的责任。交警部门根据事故中当事人的行为对发生道路交通事故所起的作用以及过错的严重程度，或者各方过错行为对事故形成的"原因力"作用大小的参与度来确定双方当事人各自的责任。另外在医疗损害责任纠纷，产品损害责任纠纷，环境污染侵权纠纷，提供劳务者损害纠纷，物件脱落、坠落损害纠纷等侵权责任案件中都涉及侵权比例责任。笔者思考：侵权比例责任在我国侵权责任法中是否有立足之地？侵权比例责任在我国的侵权法的归责原则下如何寻找理论支撑？侵权比例责任的确定标准有哪些？侵权比例责任在我国哪些侵权纠纷中可以适用？

第一，全面认识侵权比例责任。包括侵权比例责任的概念溯源，侵权比例责任的内涵以及各国关于侵权比例责任的现有规定，侵权比例责任的分类和相关案例，方便准确理解侵权比例责任及其适用。侵权比例责任适用的范围不仅包括共同侵权人比较过错和比较原因力的责任分担，而且还包括侵权人与受害人之间的比较过错和比较原因力的具体责任分担，以及侵权人与第三人之间的侵权责任分担等，因此适用范围广泛。

第二，将侵权比例责任放入我国现有的侵权责任法的语境中，探索侵权比例责任对我国侵权责任法归责原则的影响，确定侵权比例责任的核心标准以及适用侵权比例责任的理论依据。结合侵权比例责任的关系范畴和模态范畴，考究我国现有侵权责任法中是否存在侵权比例责任的理论基础。

第三，结合我国侵权责任法实践，探索各种案件确定侵权比例责任的适用类型。进行比较与分析，评估是否有必要引入侵权比例责任：一是各类型侵权比例责任是否有必要引入我国司法实践；二是比较同类型案件中我国目前法律解决方案和侵权比例责任方式，分析哪种解决方案更公平、更精确；三是如何将侵权比例责任与我国司法实践相结合，也就是侵权比例责任在我国现有侵权法律中的融入性。

如抛掷物侵权责任可以归为具体侵权人不确定的类型，引入侵权比例责任可以缩小侵权人的范围，尽可能运用科学手段确定责任主体；环境污染或药品案件可以归为受害人范围不确定的类型，根据侵权比例责任可以认定受害人的范围，通过比较过错和比较原因力对加害人的责任划分更明确；大规模产品侵权案件可以归为侵权人和受害人因果关系不确定的类型；最终通过参与度、机会丧失和市场份额确定各自侵权比例责任。总之，归纳我国目前各种侵权责任中可能适用侵权比例责任的情形，特别是对我国各种侵权责任归责原则的分析，进而确立侵权比例责任在各种侵权纠纷司法实践中适用的可能性。

三、目前的研究现状

（一）国内研究现状

目前国内学者对于侵权法上的侵权比例责任的专门研究较少，只有一些期刊论文，没有相应的专著。且大部分集中在侵权比例责任概念和分类上，即只是涉及具体案件侵权类型的侵权比例责任，对于侵权比例责任在我国侵权责任法中的理论与实践探索都较少，相关的研究成果比较分散。相关的期刊论文主要有：杨垠红的《丧失生存机会侵权中比例责任之适用》《多因不明侵权中比例责任之适用》和《侵权法上不作为因果关系之判定》，谢德城的《比例责任在多因不明侵权中的适用研究》，王爱群的《城市复合型大气污染侵权中的比例责任——对日本环境污染诉讼判例中比例责任的考察》，刘媛媛的《无意思联络数人比例责任之适用》，薛亚娟的《大规模产品侵权中比例责任的承担研究——以"非可替代性"产品侵权中市场份额责任的适用限制为切入点》和《比例责任界定》，马雯娟的《共同危险行为的比例责任承担研究》，吴国喆的《论高空抛物致害的比例责任承担》，范晓红的《侵权法上比例责任的界定与价值》和《域外法中因果关系不明的比例责任适用》，赫蓉的《因果关系不明侵权中的比例责任》和罗燕圆《论英美法上的比例责任及其借鉴》。

导 论

这些文章对侵权比例责任的研究存在一定的局限性：一是大多局限于对因果关系不明的侵权比例责任的研究；二是研究的侵权情况比较单一，如大规模产品侵权情况、共同危险行为情况、环境污染情况、高空抛物情况等单个情况的侵权比例责任；三是研究范围多限于英美法系国家，很少涉及其他已经承认侵权比例责任的国家或地区，比如以色列、荷兰、奥地利等。

（二）国外研究现状

国外特别是英美法系国家对于侵权比例责任的研究已经有一个很长的历史，其中大多数集中在侵权比例责任的概念和分类上，以及各国内部对侵权比例责任适用与否的调查。理论研究主要涉及因果关系与侵权比例责任，以及与侵权比例责任相关的机会丧失和市场份额等理论。如 Omri Ben-Shaha, "Causation and Foreseeability"; Donal Nolan, "Causation and the Goals of Tort Law"; John Makdisi, "Proportional Liability: A Comprehensive Rule to Apportion Tort Damages Based on Probability"; Israel Gilead, Michael D. Green & Bernhard A. Koch ed., "Proportional Liability: Analytical and Comparative Perspectives"; P. Widmer (Ed.), "Unification of Tort Law: Fault"; Ken Oliphant, "Uncertain Factual Causation in the Third Restatement: Some Comparative Notes"; Joseph King, "Causation, Valuation and Chance in Personal Injury Torts Involving Preexisting Conditions and Future Consequence"; Allen Rostron, "Beyond Market Share Liability: A Theory of Proportional Share Liability for Nonfungible Products"; Richard N. Pearson, "Apportionment of Losses Under Comparative Fault Laws-An Analysis of the Alternative"; Victor E. Schwartz with Evelyn F. Rowe, "Comparative Negligence (4th ed.)", Henry wood, "Comparative Fault: The Negligence Case"; Glanville L. Williams, "Joint Tort and Contributory Negligence: A Study of Concurrent Fault in Great Britain", "Ireland and the Common-Law Dominions"; Donald G. Gifford and Paolo Pasicolan, "Market Share Liability Beyond DES Cases: The Solution to the Causation Dilemma in Lead Paint Litigation?"; W. V. Horton Rogers, "Comparative Report on Multiple Tortfeasors"; Kornhauser and Revesz, "Sharing Damages among Multiple Tortfeasors" 等。

  国外学者对侵权比例责任已经颇有研究，大多从因果关系、不确定的事实因果关系基于概率的侵权损害赔偿综合规则、机会丧失规则、市场份额责任、比较过错和数人侵权责任分担等进行分析。1989 年，美国 John Makdisi 教授最早提出侵权比例责任。Makdisi 教授强调因果关系的可能性理论，比例因果关系就是通过证明因果关系的可能性比例，并按照可能性比例承担责任。随后 Israel Gilead, Michael D. Green, Bernhard A. Koch 三位学者合著并出版了 Proportional Liability: Analytical and Comparative Perspectives（《侵权比例责任：分析和比较的视角》）[1]，对侵权比例责任的适用更加明确化，并将侵权比例责任定义为："依据被告的侵权行为可能已经造成损害，或是造成部分损害，或者在将来造成损害的可能性，对原告遭受的损害，或者部分损害，或者可能遭受的损害，对被告苛加的侵权责任。"由此可见，侵权比例责任通常适用于两种情况：一是多数侵权人中，通过比较各侵权行为的过错和原因力，确定多数侵权人各自应

---

[1] See Israel Gilead, Michael D. Green & Bernhard A. Koch, General Report: Causal Uncertainty and Proportional Liability: Analytical and Comparative Report, in Israel Gilead, Michael D. Green &Bernhard A. Koch ed. , *Proportional Liability: Analytical and Comparative Perspectives*, Tort and Insurance Law, de Gruyter, 2013.

该承担的责任比例;二是在侵权人和受害人之间比较过错和原因力,确定双方的责任比例,以减轻或免除侵权人的责任比例。

目前以色列、荷兰、奥地利、英国、美国和日本等国家和地区对"侵权比例责任"接纳度较高,已经部分承认和应用侵权比例责任这一概念,且在司法实践中采用了一些灵活性、创造性的做法。

四、本书的研究方法

本书采取的研究方法主要包括:

第一,法律解释学的方法。对于此方法的应用主要集中体现在第一章对于侵权比例责任概念的界定,采用广义和狭义的解释。当然,其他章节也大量地使用这一方法,以分析相关法律规定、明确有关概念。

第二,图表统计法。大量收集侵权比例责任相关案例,从多种角度对案例进行分析,筛选出各类案件的经典案例,制作出各种类型的图表。直观、清晰地呈现侵权比例责任的各种类型、适用情况等,同时也简明地展示了侵权比例责任的核心标准,方便司法实践的对侵权比例责任适用。

第三,比较分析研究的方法。此方法是在全书写作过程中应用最多的一种研究方式,无论是第一章中有关侵权比例责任的比较法考察,还是第三章我国侵权责任法现有侵权比例责任与我国侵权责任法研究的深化,都通过比较分析研究方法的作铺垫,进行归纳总结。

第四,分类研究的方法。本书的亮点之一就是结合我国侵权责任构成要件(损害、过错、因果关系),尝试从此三个维度来透视侵权比例责任。侵权关系主体不确定对应的是侵权人和受害人过错认定的侵权比例责任问题、因果关系不确定对应的因果关系的侵权比例责任问题、具体损害类型不确定对应的是损害的侵权比例责任问题，可分为侵权关系主体不确定、因果关系不确定、具体损害不确定和复合型来规划侵权比例责任的类型。

此外，本书还运用了归纳总结的方法、历史研究的方法等。

五、本书的创新之处

第一，侵权比例责任的选题本身较为前沿。目前国内学者专门研究侵权责任法侵权比例责任的为数不多，仅有少量期刊论文成果，且篇幅有限，很难展开论述，故大部分集中于侵权比例责任概念界定和分类说明；对于在侵权责任法中引入侵权比例责任的理论与实践分析等方面，相关的研究成果相对匮乏。从这一角度而言，本选题具有一定的新颖性。

第二，对侵权比例责任研究的类型化研究方法有所推进和完善。通过比较国外各种侵权比例责任的分类和适用，结合我国侵权责任构成要件，本书尝试从三个维度来透视侵权比例责任。侵权关系主体不明对应的是侵权人和受害人过错认定的侵权比例责任问题、因果关系不明对应的因果关系的侵权比例责任问题、损害类型不明对应的是损害的侵权比例责任问题。因此，确定侵权比例责任在我国侵权责任适用于侵权关系主体不确定、因果关系不确定、具体损害不确定以及以上类型叠加产生的复合情形。

第三，立足中国经验，更具针对性地对侵权比例责任进行了理论分析。本书从侵权比例责任与我国侵权责任实际联系之属性与内核的分析，以及对经济学与法学、英美法系与大陆法系对相关术语使用的差异性分析入手，首先厘清我国现有的各种侵权责任归责原则、责任形式与侵权比例责任的联系，其次剖析各种侵权责任中侵权比例责任适用的主要因素，最后构建起侵权比例责任在我国侵权责任法中适用的依据。

第四，本研究具有很强的实证性。研究建立在大量侵权比例责任案例的收集与分析基础之上，共收集了近十年的相关案例，从多角度、多层次、多类型对侵权案例适用侵权比例责任的重点依据进行分析，筛选出各类案件的经典案例，总结出在不同类型案件、不同实践情形下的适用侵权比例责任的理论支撑和实践完善途径。研究过程中制作了大量数据图表。为直观分析侵权比例责任在中国现有侵权案例中的适用与关联，收集与分析了许多相关案例。包括各国对不同类型侵权比例责任适用对比图、侵权比例责任分担标准折线图、2012~2023年我国侵权比例责任案例种类分布图、类型化对应相关案例条形图以及适用侵权比例责任的部分典型案例列举表等。

第一章
粤港澳大湾区背景下侵权比例责任的一般理论

粤港澳大湾区是我国在促进经济发展和推动区域一体化方面的重要战略之一，涵盖了中国南部的广东省、香港特别行政区和澳门特别行政区，拥有丰富的人力资源、技术资源和金融资源。粤港澳大湾区的发展旨在加强各城市之间的合作与协调，提升整个区域的竞争力和影响力，促进经济的协同发展。

在粤港澳大湾区跨境合作中，难免会发生各种侵权纠纷。自2019年12月至2023年12月广东省高级人民法院公布了七批"粤港澳大湾区跨境纠纷典型案例"，其中有多起案件是法院审理后判决当事人按照一定比例承担侵权责任。侵权比例责任的一般理论通常是基于民法的相关原则和司法实践。一般来说，侵权比例责任指的是侵权行为造成损害时，侵权方需要根据其过错程度承担相应比例的法律责任，而受害方也可能因自身行为或疏忽的程度而分担部分责任。在跨境地区，尤其是涉及不同法律体系的情况下，侵权比例责任可能会更加复杂。一般来说，涉及不同地区的侵权行为需要根据当地的法律规定和司法实践来进行判断和处理。同时，由于粤港澳大湾区内部的法律体系和司法

第一章 粤港澳大湾区背景下侵权比例责任的一般理论

实践可能存在差异,因此在处理跨境侵权行为时,需要综合考虑各地的法律规定和相关案例,以确定侵权比例责任的适用原则。

总的来说,侵权比例责任的一般理论在粤港澳大湾区的背景下普遍适用,但在具体应用时需要考虑地区间法律差异和跨境侵权行为的特殊情况。由此需要进一步探讨侵权比例责任的一般理论。

16、17世纪的古典自然法学派认为过失应与赔偿成比例,自然法哲学创始人格劳秀斯(Grotius)主张自然法的根本原则之一[1]就是"赔偿因自己的过错而给他人造成的任何损失"。[2] 依据自己行为所造成损害的比例承担责任,是过错责任的具体应用,也是侵权责任法上归责的基本原则。侵权责任法一般是通过分析侵权行为与损害结果之间的因果关系,认定是否需要承担侵权责任。侵权责任法中因果关系认定的目的有两个,一是确定侵权责任是否成立,即确定有无责任;二是确定侵权责任的范围,即确定侵权责任大小。目前,关于侵权损害赔偿额度的确定方式,主要有两种模式:一种是以德国法为代表的,在案例或法典中对损害赔偿范围不作任何文字规定的完全赔偿主义模式。依据对因果关系的考察,确定侵权责任是否成立,从而判定"全有或全无"的赔偿模式。另一种是普通法系诸国所采用的,在案例或法典上对赔偿范围作不同程度的文字规定的限制赔偿主义模式。首先对因果关系的考察认定责任成立后,再进一步根据侵权行为的性质、内容,对损害中确实与该行为

---

[1] 景艳:《国内外侵权比例责任比较研究》,载《哈尔滨师范大学社会科学学报》2018年第6期。

[2] 参见[美]E·博登海默:《法理学:法律哲学与法律方法》,邓正来译,中国政法大学出版社1999年版,第43页。

具有因果关系的损害进行责任划定。

在以德国为代表的国家中,侵权责任中侵权行为与损害结果之间存在因果关系不确定性时,法院往往无法认定侵权人的侵权行为与受害人损害之间存在事实原因,因此确定因果关系不成立,判定侵权人不承担侵权责任。由此导致很多侵权人虽然实施了侵权行为,但不承担侵权责任的后果。

关于"因果关系不确定"的界定,不同学者表述也不相同。英国 Bristol 大学法学院 Ken Oliphant 教授认为,因果关系不确定是"其中能够据以评估因果关系存在与否的证据是微弱的,从而无法确信地得出肯定抑或否定的结论"。[1] 美国芝加哥大学 Omri Ben-Shahar 教授写道:"损害发生后,其来源可能模糊不清。造成此种不确定问题的原因可能有很多,如多个独立的因素同时制造了同种风险,导致损害发生,但不能清楚地确认其中任何一个原因造成损害;又如损害可能在风险制造出来或者事故发生很长时间之后才显现出来,以致难以辨识其原因。"[2] Sandy Steel 和 David Ibbetson 教授认为,因果关系不确定是指"不能证明数竞合因素(competing factors)中的哪个是受害人遭受损害的真正原因"。[3] Donal Nolan 认为,因果关系不确定指向如下情形,即"无法确定地知晓侵权人的过失行为与受害人的损害之间是否存在因果关系,只能确定该损害处于侵权人行

---

[1] See Ken Oliphant, *Uncertain Factual Causation in the Third Restatement: Some Comparative Note*, 37 Wm. Mitchell L. Rev. 1599, 1600, 2011.

[2] See Omri Ben-Shahar, *Causation and Foreseeability*, in: *Tort Law and Economics*, edited by Michael Faure, Edward Elgar Publishing Limited, 2009, p. 91.

[3] See Sandy Steel and David Ibbetson, *More Grief on Uncertain Causation in Tort*, C. L. J. 2011, 70 (2), p. 451.

第一章 粤港澳大湾区背景下侵权比例责任的一般理论

为所制造的风险范围之内"。[1]

综合以上理解,侵权因果关系不确定包含以下两层含义:一是此因果关系不确定仅指事实因果关系不能确定。侵权责任法上因果关系的认定首先是对于事实上因果关系的认定,即发生什么、为什么发生。之后才是依据法律政策上的考虑,确定构成事实上原因是在法律上确认承担责任的前提。[2]二是根据传统的因果关系理论和侵权损害赔偿中"全赔或不赔"的传统规则,不能公正地确定侵权责任是否成立或是否需要承担侵权责任。基于此种情形,各国推出了侵权比例责任,侵权比例责任的适用可以帮助受害人获得部分损害赔偿。

第一节 侵权比例责任的概念

一、侵权比例责任概念溯源

侵权比例责任(Tort Proportional Liability)与比例因果关系相关,是源自英美法系实践的一种概念。最早提出比例因果关系是美国 John Makdisi 教授,他认为,依据传统的侵权法理论,对于举证证明侵权行为与损害结果的因果关系超过 51% 的,侵权人承担全部赔偿责任,但对于证明因果关系不超过 49% 的,侵权人不承担任何赔偿责任,此类判定显然不公平。[3]因此,

---

[1] See Donal Nolan, *Causation and the Goals of Tort Law*, in : *The Goal of Private Law*, edited by Andrew Robertson and Tang Hang Wu, Hart Publishing, 2009, p. 167.

[2] 参见王旸:《侵权行为法上因果关系理论研究》,载梁慧星主编:《民商法论丛》(第 11 卷),法律出版社 1999 年版,第 478 页。

[3] See John Makdisi, *Proportional Liability: A Comprehensive Rule to Apportion Tort Damages Based on Probability*, 67 N. C. L. Rev. 1603, 1989, pp. 1067~1072.

Makdisi 教授强调因果关系的可能性理论，比例因果关系就是通过证明因果关系的可能性比例，而无须证明因果关系确属存在。因此，比例因果关系是指在因果关系的判断中，依据因果关系的可能性比例认定因果关系，并依照此相对应的比例，计算侵权人承担的赔偿数额。也就是说，分配给侵权人的侵权责任份额是依据侵权人的侵权行为导致受害人损害结果发生的可能性比例加以确定。[1]比例因果关系既为侵权比例责任的适用奠定了责任构成要件层面的基础，又为侵权比例责任的比例确定提供了依据，因此，比例因果关系成为侵权比例责任适用的基础。早期有学者称为因果侵权比例责任，现在大都简称为侵权比例责任（本文中直接简称为"侵权比例责任"）。

我国台湾地区学者陈聪富也曾论证过"全有或全无"（all or not）之因果关系法则，采取"证据优势原则"（preponderance of the evidence)[2]，目的在于当事人之间公平分配不法之危险，亦即妥适分配当事人之间风险的承担。传统侵权责任法固守因果关系优势证据原则的"全有或全无"责任，在损害与不法行为的因果关系不明时，如果能证明因果关系可能性超过50%时，受害人将获得全部赔偿，即使侵权人实际只造成受害人部分损害，也要承担100%的赔偿责任，而受害人却获得了

---

[1] See Israel Gilead, Michael D. Green & Bernhard A. Koch, General Report: Causal Uncertainty and Proportional Liability: Analytical and Comparative Report, in Israel Gilead, Michael D. Green & Bernhard A. Koch ed., *Proportional Liability: Analytical and Comparative Perspectives*, Tort and Insurance Law, de Gruyter 2, 2013.

[2] 参见陈聪富：《"存活机会丧失"之损害赔偿》，载《因果关系与损害赔偿》，北京大学出版社 2006 年，第 182 页。

过度赔偿。反之，若因果关系可能性被证明不足50%，将意味着事实因果关系不存在，侵权人不赔偿，受害人即使受到了损害也不能获得赔偿。因此侵权人的赔偿责任，很多时候可能高于或低于其侵权行为引发的实际损害额度。也就是说，受害人可能获得过度赔偿或赔偿不足，侵权人应有的赔偿责任与其实际赔偿责任也不相称。因此，因果关系应依据侵权人行为发生损害的可能性认定，传统的"全有或全无"因果关系理论已不再适合。而应该依据因果关系可能性比例，判断因果关系，并依据相应比例，计算出侵权人赔偿的数额，从而确定侵权比例责任。

近些年来随着各个国家和地区对侵权比例责任的理论研究和实践运用越来越多，侵权比例责任逐渐被人们认可和接受。2005年，欧洲侵权法小组在《欧洲侵权法原则》（PETL）中，某些情况采用了侵权比例责任规则，从而取得了突破性的进展。全世界部分国家已经承认和应用侵权比例责任。我国从2009年至2023年12月，民事案件中涉及侵权比例责任的就有4634件，其中大多数是各种侵权纠纷的侵权比例责任。

二、侵权比例责任概念的界定

在大数据时代背景下，根据数据统计就可以确定侵权行为造成损害结果的可能性比例，传统必然性的因果关系概念逐步衰弱，而渐进转向相关关系。相关关系包括传统的必然性的因果关系和不确定性的因果关系，不确定性的因果关系也可能构成侵权，需要承担侵权责任。在相关关系下，受害人只须证明损害确系发生，不要求其提供的证据必须达到高度盖然性的证明标准，依照侵权行为作为损害结果必要条件的可能性进行责任分配，其因果关系可能性就是确认已构成侵权责任。[1]因此，各个国家对侵权比例责任赋予的涵义不同，有的国家认为侵权比例责任是基于比较原因力，在当事人之间确定侵权责任的构成与否；有些国家认为是基于比较过错，在当事人之间分配既定的责任；还有一些国家认为应当综合比较原因力和过错。

从广义上说，"侵权比例责任"是以过错责任为基础，在侵权人和受害人之间，或是在各个侵权人之间分配既定损害的责任，不管是基于比较过错、比较原因力，还是两者兼有之。[2]也就是说，广义上的侵权比例责任是指在受害人、侵权人双方之间或数个侵权行为人之间按照一定比例分担侵权行为所造成的损害的负担，是过错责任的替代或部分替代，弥补了过错归责原则造成的"全有或全无"责任的不公。此时的侵权比例责任，其判定基础包括比较过错程度、比较原因力大小、比较因果关系可能性。狭义上的侵权比例责任则是在因果关系不明情形下，根据侵权行为造成损害后果的可能性比例对侵权行为人所苛加的责任。狭义上的侵权比例责任与广义上的侵权比例责任的区别在于适用范围和判定基础的不同：广义上的侵权比例责任既可以适用于因果关系不确定的情形，也可以适用于因果关系确定的情形；广义上的侵权比例责任不

---

〔1〕 刘媛媛：《无意思联络数人侵权比例责任之适用》，载《西南政法大学学报》2018 年第 3 期。

〔2〕 See Israel Gilead, Michael D. Green & Bernhard A. Koch, General Report: "Causal Uncertainty and Proportional Liability: Analytical and Comparative Report", in Israel Gilead, Michael D. Green &Bernhard A. Koch ed., *Proportional Liability: Analytical and Comparative Perspectives*, Tort and Insurance Law, de Gruyter 2, 2013.

第一章 粤港澳大湾区背景下侵权比例责任的一般理论

仅限于比较因果关系可能性作为其判定比例的基础，而且还可以依据过错程度、原因力大小等传统要素作为侵权比例责任判定的基础。[1]

欧美国家对侵权比例责任早有研究，欧洲侵权法小组2005年对因果侵权比例责任（Causal Proportional Liability）进行研究，并将因果侵权比例责任简称为"侵权比例责任"，定义为：依据侵权人的侵权行为可能已经造成损害，或是造成部分损害，或者在将来造成损害的可能性，对受害人遭受的损害，或者部分损害，或者可能遭受的损害，苛加侵权人按比例承担侵权责任。[2]简单而言，侵权比例责任是指侵权人根据其侵权行为导致受害人损害结果的可能性比例承担责任。本文研究的侵权比例责任都是在侵权法语境下的"因果侵权比例责任"，以下统一简称为"侵权比例责任"。

三、侵权比例责任与相关概念的比较

（一）侵权比例责任与责任比例

侵权比例责任是英美法系制度的一个概念。当因果关系不确定时，侵权人有实际侵权行为，但受害人不能证明侵权行为与受害人的损害之间的因果关系，导致受害人无法获得应有的损害赔偿，此时侵权比例责任可以按照侵权人过错的大小或原因力的大小，要求侵权人承担侵权责任。英美法系在侵权比例责任概念基础上，形成了一种侵权责任分担的制

---

〔1〕 参见谢德城：《侵权比例责任在多因不明侵权中的适用研究》，江西财经大学2015年硕士学位论文。

〔2〕 See Christopher H. Schroeder, "Corrective Justice and Liability for Increasing Risks", 37 *UCLA L. Rev.* 439, 1990.

度。侵权比例责任是一个较责任比例内涵更宽阔的概念。侵权比例责任制度涵盖了大陆法系上责任比例解决的一些问题，还可以解决一些其他问题。侵权比例责任作为一个概念、一种制度，它在英美法系上所解决的问题不只是责任比例的问题。

侵权比例责任和责任比例都是通过比较过错、比较原因力来划分责任。比如，大陆法系中多数人侵权的问题即是责任比例划分问题，划分的时候也是根据原因力的大小、过错等进行划分比例。

责任比例在大陆法系上只是按比例划分责任的问题，是责任分担的参考指数。通常是确定侵权责任后，划分侵权责任大小时，比较侵权人与受害人之间或多数侵权人之间的原因力大小或者过错大小，计算成比例，根据此比例分担侵权责任。侵权比例责任是责任形式的一种，而责任比例是侵权比例责任分配的参考指数，大多情况下，侵权比例责任是基于过错责任、无过错责任和过错推定责任等原则承担责任的形式，而责任比例是计算侵权比例责任的一个数据。

（二）侵权比例责任与按份责任

侵权比例责任是责任形式之一，以比例作为公平价值判断标准，使侵权行为人承担侵权责任。按份责任则是适用于共同侵权中能够确定责任大小的，各个侵权人按照一定的份额对受害人承担侵权责任的形式。

侵权比例责任与按份责任虽然都是责任形式，都按照一定的标准对份额或比例进行计算，但二者有很多区别。一是按份责任仅限于数人共同侵权，侵权比例责任则是依据过错、原因力，按照一定比例分担责任，分担责任可能是侵权人和受害人之间，也可能是多数侵权人之间。因此侵权比例责任既可以适用于多个侵权人之间，也可以适用于侵权人和受害人之间的责任分担。侵权比例责任是一种责任形式，按份责任只是比例原则在共同侵权中的具体适用的一种责任形式。二是侵权比例责任较按份责任适用依据更全面，按份责任通常是数人共同侵权中基于过错归责原则，各侵权人按照过错大小分配一定责任份额的责任形式。侵权比例责任则既比较原因力大小、又比较过错的程度，按一定比例分配责任。

（三）侵权比例责任与共同侵权

共同侵权行为是指数人基于共同过错而侵害他人的合法权益，依法应当承担侵权责任的侵权行为。在共同侵权中有三种责任形式，一是无论是共同致害还是共同危险的共同侵权，共同侵权人对受害人负连带责任；二是以共同侵权人内部关系为按份责任；三是多数共同危险中，推定致人损害的概率大致相等，或难以确定过失程度时，在内部责任的划分上，一般采取平均分担的办法，各侵权行为人以相等的份额对损害结果承担责任。按照大陆法系各国或地区的民法规定：应由求偿人与其他共同侵权人平均或按照比例分担。

侵权比例责任作为一种责任形式，直接比较原因力或过错大小，既可以责成侵权行为人与受害人之间分担侵权责任，也可以责成多名侵权人之间分担侵权责任。因此在共同侵权分担责任时，多名侵权行为人的内部责任划分，无论是按份责任还是平分责任，都是按照比例分担，实际上完全可以替代按份责任。此外，侵权比例责任比现有的共同侵权责任分担更直接，不需要承担对外连带责任，再内部行使追偿权，避免了更多的法律纠纷，也对应了各侵权人为自己的侵权行为负责任的原则。

（四）侵权比例责任与过错责任

过错责任是侵权行为的一种归责原则，是基于行为人主观上有过错而承担民事责任的充分必要条件，即行为人仅在有过错的情况下，才承担民事责任；没有过错，就不承担民事责任。过错责任的归责原则是以过错作为决定行为人承担民事责任的理由、标准或者最终决定性的根本要素。分配责任时，应保证过错程度与责任相一致，即过错程度决定责任的形式、范围、减免。

侵权比例责任是过错归责原则的一种具体责任形式，即过错责任的具体责任形式。当受害人证明侵权人存在侵权的过错，受害人与侵权人双方或多名侵权人之间根据过错的程度，计算过错比例，再依据各自过错比例分担侵权责任。此时，侵权比例责任是过错责任的具体责任形式，依照过错大小分担责任。但当因果关系不确定，受害人无法举证证明侵权人的过错超过51%的证明力时，按照传统的"全有或全无"规则，受害人无法获得侵权人的赔偿；而按照侵权比例责任，根据事实上侵权人的行为侵害了受害人的比例，则可以要求侵权人按照比例承担一定的责任。因此，侵权比例责任在过错责任归责原则中，能够更好地保护受害人的利益。

第二节 侵权比例责任的发展

根据 Israel Gilead, Michael D. Green, Bernhard A. Koch 三位学者合著的 Proportional Liability: Analytical and Comparative Per-

第一章 粤港澳大湾区背景下侵权比例责任的一般理论

spectives（《侵权比例责任：分析和比较的视角》）一书[1]的调查，通过比较16个国家和地区的侵权比例责任前景的国别报告，可以确定目前各国和地区对侵权比例责任有三种不同的态度：

第一种态度是"不承认也不适用"。有些国家和地区在理论上不承认也不适用侵权比例责任，原因大多是司法界认为"侵权比例责任"这一新概念有可能破坏传统因果关系的概念，或者认为在"侵权比例责任"中没有考虑因果关系的应用。由此看来，捷克、丹麦、德国、希腊、挪威和南非属于这一组。在这些国家，适用"全有或全无"规则。"全有"包括在不确定的因果关系涉及多个不法行为的案件中适用连带责任（如后文所述A1、B1和C1子类型案件）。[2]

第二种态度是"不承认法理但事实上局部应用"。有些国家和地区面对"因果关系的不确定性"时，官方不承认以侵权比例责任为准则，但现实司法实践中适用侵权比例责任的情况大量存在，大多是通过"机会丧失"规则中机会丧失的比例适用侵权比例责任（如后文所述A5子类型案件），或者通过审判法庭法官的自由裁量权确定侵权比例责任。从国别报告中可以看出，这些国家和地区包括法国、意大利、波兰、西班牙和瑞士。如法国，侵权比例责任的适用相当广泛，态度"机会丧失"规

---

[1] 笔者完整翻译了Israel Gilead，Michael D Green，Bernhard A Koch三位学者合著的 *Proportional Liability: Analytical and Comparative Perspectives*（《侵权比例责任：分析和比较的视角》）。此书是"欧洲侵权和保险法中心"的项目之一，作为"欧洲侵权法研究"第33卷研究成果，由"欧洲侵权和保险法中心"编辑，De Gruyter出版社于2013年出版。

[2] See Israel Gilead, Michael D. Green & Bernhard A. Koch ed., *Proportional Liability: Analytical and Comparative Perspectives*, Tort and Insurance Law, de Gruyter 65, 2013.

则不仅适用过去伤害的不同情况，也适用避免未来伤害失去机会的案件（如后文所述 C1 子类型案件）。[1]

第三种态度是"部分承认和应用"。一些国家和地区的司法实践更具灵活性，对"侵权比例责任"的接纳度也较高，甚至出现了一些创造性的做法。这些国家和地区包括奥地利、英国、以色列、荷兰、美国和日本。侵权比例责任在一些国家和地区经历突破与挫折。例如，以色列法律在研究侵权比例责任中"疑难案件"的一般规则时取得重大突破（如后文所述 A4 子类型案件），之后允许适用侵权比例责任，但只限于受害人受害可能性不确定的情形（如后文所述 A3 子类型案件），以及侵权人和受害人之间因果关系不确定的情形（如后文所述 A2 子类型案件）。又如，英国法通过立法推翻司法承认的侵权比例责任。[2]

下文结合以上国家和地区已经部分承认和应用侵权比例责任的做法，对侵权比例责任的相关规定和司法实践中侵权比例责任的发展状况展开专门研究。

一、《欧洲侵权法原则》关于侵权比例责任的规定

早在 1992 年，欧洲各国就以深化欧洲侵权法理论研究和统一欧洲侵权法为目的，组建成立了欧洲侵权法小组。该小组自 2001 年起，通过举办"欧洲侵权法年会"的方式探讨欧洲各国的侵权法理论问题，并于 2005 年正式出版了《欧洲侵权法原则》。《欧洲侵权法原则》中，关于侵权比例责任的规定分别体

---

[1] Ibid., p. 65.
[2] See Israel Gilead, Michael D. Green & Bernhard A. Koch ed., *Proportional Liability: Analytical and Comparative Perspectives*, Tort and Insurance Law, de Gruyter 66, 2013.

第一章　粤港澳大湾区背景下侵权比例责任的一般理论

现在第 3：103 条、第 3：105 条、第 3：106 条。

（一）择一原因中的侵权比例责任

《欧洲侵权法原则》第 3：103 条"择一原因"（Alternative Cause）第 1 款规定，存在多个活动时，如每一活动都可以单独地造成损害，但不能确定事实上是哪一个引起了损害，则每一活动在其可能造成损害的范围内，都是造成损害的原因。[1]此款规定针对的是替代的因果关系，此款预设的适用前提包括：一是存在多个活动；二是每一个活动都足以造成该损害（即全部损害）；三是不能确定（即无法证明达到所要求的法律标准）是哪一个活动实际上引起了该损害。此时，每个活动在其可能造成损害的相应范围内被视为造成损害的原因之一。这就意味着侵权人必须对各自活动赔偿相应的份额，这些都以侵权比例责任为基础。该条款的规定充分说明，欧洲侵权法小组在解决多因不明侵权问题时采纳了比例因果关系的规则，即意味着侵权比例责任成为多因不明侵权案件的责任分担方式。

比如，三人去树林打猎，他们都试图射一只鸟，都朝着同一方向射击。其中一人过失射中了受害人；其他人都没击中受害人。不清楚致命的子弹是谁射击的；他们没有协同行动。[2]在本案中，每个猎人的活动都满足了上面提到的要件。因此他们各自对损害承担 1/3 的责任。[3]

又如，一名登山者为一块滚石所伤，第二块滚石也几乎击中他。一块滚石是因侵权人甲的过失落下的；另一块是因侵权

---

[1] See Art 3：103 Principles of European Tort Law（PETL）cmt 9.
[2] See Art 9：101 Principles of European Tort Law（PETL）cmt 9.
[3] See J. Spier, O. Hzzaen, *Comparative Conclusions on Causation*, p. 150。

人乙的过失。甲乙二者在"他们的滚石"可能造成受害人损害的相应范围内承担责任。在本案的具体情形中，这种可能性是50%，那么甲和乙应各自承担一半责任。

第3：103条"择一原因"（Alternative Cause）第2款规定，在存在多数受害人，但不能确定某一特定受害人的损害是否由某一活动引起时，尽管该活动可能没有给全体受害人造成损害，也应根据该活动给某一特定受害人造成损害的可能性，认定其为全体受害人遭受损害的原因。[1]第2款主要关注这样的情形，即从"整体"看，众多受害人遭受的损害与众多潜在侵权人的行为之间存在明显的因果关系，但单个侵权行为人的行为都不可能造成所有受害人的所有损害。

例如，二十家生产制造同一种药的工厂，他们对药品的质量问题都有过失。侵权人甲的市场占有率是51%；侵权人乙的市场占有率是15%；其他侵权人的市场占有率很小。该药品造成了严重伤害，影响到任何一个生产者都绝无可能造成所有受害人的损害。依照该条款，侵权人甲应承担51%的责任，侵权人乙应承担15%，其余人应依各自的市场占有率对受害人的损害承担责任。[2]这种做法假定：造成损害的可能性与市场占有率一致。

（二）不确定的部分因果关系的侵权比例责任

《欧洲侵权法原则》第3：105条"不确定的部分因果关系"（Uncertain Partial Causation）规定，存在多个活动时，如果任何一个活动都没有造成全部损害或者损害的某个确定部分的，则

---

[1] See Art 3：103 Principles of European Tort Law（PETL）cmt 9.

[2] 如果没有足够的证据证明现有生产商各自的市场占有率，则推定其为均额的，参见《欧洲侵权法原则》第3：105条。

第一章 粤港澳大湾区背景下侵权比例责任的一般理论

(至少)某些可能引起损害的活动应被推定为造成了同等的损害。[1]本条仅仅适用于因果关系不清楚的情形。多个活动共同造成一个或更多损害的案件往往不好处理,其难点即在于因果关系。两个或多个活动对损害的发生起了作用,而且每一个活动的作用都是"最小的",这是有可能的。此时可以推定其作用均等。因此,多个加害人的活动对一个损害起了作用,此时如果可以确定他们都没有造成整个损害,也没有对损害的发生起决定性作用,则他们各自承担均等的责任。

欧洲侵权法小组的一些成员认为,本条只适用于所有成员的作用都很小而且不能确定的情形,即只适用于下列类型的案件:100个制造者投放了一批有缺陷的药品到市场。每个制造者占有的市场份额相差无几。这种药品使2万人生病,受害人的疾病绝不可能全部是由某个人的药品造成的。因此每个制造者对受害人承担1%的损害责任。

欧洲侵权法小组大多数主张在此类型的案件中适用本条款。如侵权人1至侵权人100把一种有缺陷的药品投放到市场。我们大致知道侵权人1、侵权人2和侵权人3占有的市场份额分别是25%、15%和10%。侵权人4至侵权人100占有了剩余的市场份额(50%),但在损害发生时,无法估算每个侵权人的份额,只知道他们是规模相当小的制造者。在本案中,侵权人4至侵权人100的作用被推定为相同,即他们均等地将对这50%的损害负责。

《欧洲侵权法原则》第3:105条提供了一个标准,以确定这些情形中的"可能性",即根据"可能性"分担侵权比例责任。

---

[1] See Art 3:105 Principles of European Tort Law (PETL) cmt 9.

(三) 受害人支配领域内的不确定原因中的侵权比例责任

《欧洲侵权法原则》第3：106条"受害人支配领域内的不确定原因"（Uncertain Causes Within the Victim's Sphere）规定，受害人必须承担其自身支配领域内的活动、事件或其他情况可能造成的损害。[1]第3：106条调整的是由一个或多个应承担责任的第三人造成的、或处于受害人自身范围内的损害。在这种情形，受害人必须承担发生在其自身范围内的损害。本规定的意义是，受害人支配范围内的原因应是已经出现的损害的一个必要条件。

第3：106条调整的是在受害人的领域内（"可能"）潜在的原因，其部分以机会损失的概念为基础（英语：loss of a chance；法语：perte d'une chance）。如前所述，《欧洲侵权法原则》在此类案件中以侵权比例责任为基础，虽然侵权比例责任不是最理想的解决方法，但对于此类案件来说，侵权比例责任最有实效性，而考虑因果链条中的每一种可能性是不切实际的。第3：106条的进路可能是各国法律趋于一致的重要一步，它经常是以盖然性权衡（balance of probabilities）这一完善的学说为基础的。[2]

如某小镇有1万居民，1%的居民（原告1至原告100）患了一种非常危险的疾病。由于正常的发病率是0.05%（即1万人中有5个病人），1%的比例是相当高的。病人剧增可能是由于一家邻近工厂侵权人过失排放，也可能只是巧合。如果法院有充分理由相信（这涉及证明问题）如此高的百分比不是巧合，就可以适用本条款。所有受害人都无法证明他的疾病是否由侵权人造成。然而统计学表明，即使没有工厂，受害人也可能患病，

---

[1] See Art 3：106 Principles of European Tort Law (PETL) cmt 9.
[2] See W. V. H. Rogers, *Winfield & Jolowixz on Tort* (2002) 218 et seq.

第一章　粤港澳大湾区背景下侵权比例责任的一般理论

但概率很小，只有5%。依照第3：106条，5%的风险必须由受害人自己负担，同时可以就他们各自"损害"的95%索赔。[1]

但适用第3：106条一定要慎重。任何一个活动致损的概率超过统计平均水平的，未必会产生相应的责任。例如，假设上例中百分比是0.06%（或者也许到0.09%）而不是0.05%（根据科学证据），可以说这样一个百分比是无规则变化的结果，而非因果关联。比如，假定正常的患癌比例是2‰，在非正常状态下，有三个人患病。这可能是侵权人过失排放所致，但也可能是统计学上的"正常偏差"。认识到此时没有必然的因果关系是重要的，仅靠推测（即可能性很小）也不足以认定。这样看来，谨慎使用这一条款完全符合很多欧洲国内法。但侵权人活动可能发挥的作用非常小（接近于零）或非常大（接近于100%）时，是否可适用第3：106条还有争论。

《欧洲侵权法原则》中采纳了侵权比例责任作为出发点，但也承认一些重要例外。欧洲侵权法小组多数成员讨论时，有人主张，两个或更多的活动造成单一损害时，如果这些活动并非充分原因，原则上就应适用侵权比例责任，但可以有例外，因为毕竟单个活动只造成了部分损害。而目前通说认为，这种场合不应适用侵权比例责任，例外时才适用侵权比例责任。[2]

二、侵权比例责任在以色列的发展

三十多年前，以色列的法律制度就开始讨论是否接受侵权

---

[1] 参见欧洲侵权法小组编著：《欧洲侵权法原则：文本与评注》，于敏、谢鸿飞译，法律出版社2009年版，第96页。

[2] 参见欧洲侵权法小组编著：《欧洲侵权法原则：文本与评注》，于敏、谢鸿飞译，法律出版社2009年版，第81页。

比例责任（Proportional Liability）以及在多大程度上接受侵权比例责任。2010年后，因为马鲁尔（Malul）案件的判决，[1]以色列法律彻底摆脱了以前的困扰。

（一）侵权比例责任的启用

马鲁尔案件中，一个小孩（受害人）出生时，受到严重的脑损伤。受害人的损害可能由两种原因造成：一是早产，二是医护人员过失。经调查，这种损害很可能是医护人员的医疗过失造成的。以色列地区法院评估受害人损害的可能性，确定医疗过失的概率为40%。因此，依据侵权比例责任原则，医院应对受害人承担40%的侵权责任。[2]2005年，侵权人提起上诉，以色列最高法院组成三名法官的小组，"正式"广泛地接受了侵权比例责任规则。[3]以色列最高法院裁定，在因果关系不确定的情况下，如果不确定受害人的过失是否实际上造成了受害人的损害，法院可能会判决侵权人对受害人承担部分赔偿责任，承担的责任比例与造成损害的概率相一致。最终，以色列最高法院确定，如果满足以下两个条件，可以依据侵权比例责任作出判决：其一，受害人确实受到损害，但受害人举证证明被告造成其损害，达不到所需的证明标准（可能性大于51%）；其二，正义要求适用侵权比例责任。

由于2005年的裁定存在诸多问题，2010年以色列最高法院

---

[1] See Civil Further Hearing (CivFH) 4693/05 Carmel Hospital v Malul (29 August 2010).

[2] See Civil Case (CC) 1058/94 (Haifa) Malul v Carmel Hospital (18 July 2002) para 49~52.

[3] See Civil Appeal (CA) 7373/02 Carmel Hospital v Malul, 60 (1) Piskei Din shel Bet HaMishpat HaElyon LeYisrael (Israel Supreme Court Judgement, PD) 11 (2005).

由九名法官组成庞大的审判小组对此案重新审理，在整个 210 页的裁判决定中，深入调查和分析因果不确定性的不同方面，并试图确定侵权比例责任，促进侵权法的进步。最终，法院以较多数（5∶4）的方式推翻了其 2005 年的裁定，广泛接受侵权比例责任原则。

马鲁尔案 2010 决定的要点是对马鲁尔案 2005 决定的逆转。较多数（5∶4）认为，在该类案件中，侵权比例责任应限于"已失去治愈机会"的案件。然而，多数法官中有三人提议在"经常性偏差"（指举证证明低于或高于要求的证明标准）的情况下也适用侵权比例责任，即侵权人实际上造成受害人伤害的可能性低于或高于要求的证明标准时，适用侵权比例责任。有人建议，这种"经常性偏差"规则将来适用于与因果关系不密切的侵权人和受害人以及不明身份的受害人相对应的案件。"经常性偏差"规则是否适用于未来的案例是一个悬而未决的问题。一方面，两名法官反对任何司法认可的广泛的侵权比例责任规则，其中包括"经常性偏差"规则，认为如果适用的话，应该从立法开始。另一方面，其他法官不排除未来适用"经常性偏差"规则。其中一位法官[1]进一步限制了该规则在"科学不确定性"案件中的适用。

（二）侵权比例责任的确定

总之，多数法官支持侵权比例责任的"经常性偏差"规则，即当受害人举证证明低于或高于要求的证明标准时，适用侵权

---

[1] Jubran 法官认为：科学所能提供的关于因果关系的所有信息都是一个数字，代表被告造成原告伤害的概率，而不是一个明确的是/否答案。法院应当尊重科学，并以科学给出的方式应用科学给出的答案。See CivFH 4693/05 Malul, Deputy Chief Justice (DCJ) Rivlin para 12.

比例责任。他们建议在下列情况适用侵权比例责任：其一，侵权人是造成伤害的行为人，并且实际上对遭受这种伤害的群体中的某些成员造成了伤害；其二，受害人属于被伤害群体中的一员；其三，侵权人实际上造成受害人人身伤害的可能性是经常性偏差：在任何情况下，它都低于要求的举证标准或超过它。当满足这些条件时，有人认为，"全无"规则可能导致完全无责任和不赔偿（当概率低于所要求的证明标准时），"全有"规则可能导致承担全部责任并要求全部行为人向每个受害人提供赔偿（当概率高于所要求的证明标准时）。由于这些结果可能对受害人或侵权人产生不公平和不公正的影响，并可能导致过度威慑，适用侵权比例责任将有利于公平和适度威慑。

最终，四位法官批准了包括 DES 案[1]在内的案件适用侵权比例责任。"经常性偏差"规则是否适用于未来案件仍是一个悬而未决的问题：虽然两名法官反对广义的侵权比例责任规则的适用，包括"经常性偏差"规则，三名法官不排除未来对这一规则的阻挠，但以色列法律已经认识到，侵权比例责任是一种法律规则，可以并且应该用于因果不确定性的案例来促进侵权法达至强调正义和公平的主要目标。

三、侵权比例责任在荷兰的发展

自 20 世纪 90 年代以来，侵权法中关于因果不确定性的侵权比例责任的适用，在荷兰侵权法体系中基本确定了。传统的"全有或全无"规则中，举证责任完全由受害人承担，侵权责任

---

[1] DES（Diethylstilbestrol）案是孕妇服用 DES 这种药物用以预防流产，但有些服用过此药的人，其生下来的女儿成年后罹患卵巢癌，故对药厂提起诉讼。

第一章 粤港澳大湾区背景下侵权比例责任的一般理论

被"比例"的替代方案取代。[1]侵权比例责任避免了"全有或全无"责任。根据荷兰学说,侵权比例责任被定义为:与造成损害的可能性成比例的责任。[2]侵权比例责任方面的发展,反映在荷兰判例法中,允许受害人在损害原因不确定的情况下,要求可能性的赔偿。

(一)最初:内部责任比例分配

1992年,荷兰最高法院(HR)被要求参与判决著名的DES案,这是侵权比例责任发展的第一步。DES案的关键情况在于涉及多个侵权人和受害人,因此产生了内在的因果关系不确定性,无法确定哪个侵权人以及在多大程度上造成了受害人的损害。传统意义上的足够确定性的证明标准是不能满足的。

《荷兰民法典》第6:99条规定,每个行为人对损害承担连带责任,除非他证明损害不是由他所负责的事件造成的。但是在DES案中,某制造商承担全部责任后,进行内部比例追索时发现:每个制造商应该在多大程度上承担责任,仍需要明确。《荷兰民法典》第6:101条规定,当损害是遭受损害的人自己造成时,根据可归责于每个人的行为的"贡献"程度,在遭受损害的受害人和侵权人之间按比例分摊,从而减少侵权人对损害的责任分担。通过这种方式,损害的负担主要与可归因于各种侵权人的情况、已经或可能造成损害的程度成比例。

---

[1] See Israel Gilead, Michael D. Green & Bernhard A. Koch, General Report: "Causal Uncertainty and Proportional Liability: Analytical and Comparative Report", in Israel Gilead, Michael D. Green &Bernhard A. Koch ed., *Proportional Liability: Analytical and Comparative Perspectives*, Tort and Insurance Law, de Gruyter 227, 2013.

[2] See I Giesen/TFE Tjong Tjin Tai, *proportionele tendensen in het verbintenissenrecht*; een rechtsgeleerde dialoog 57, 2008.

此规定表明，对于 DES 类案件，侵权行为人对外承担连带责任，对内依照比例分担责任。这是侵权比例责任在荷兰最早的适用。

（二）机会丧失理论：侵权比例责任的发展

到了20世纪90年代后期，荷兰的判例法慢慢接受侵权比例责任。"Wever v. DeKraker 案"[1]首先接受了机会丧失理论[2]，此案涉及医疗事故责任。DeKraker 医院的一名医生因诊断错误，导致其晚了一天才发现受害人 Wever 家族的一名一岁女童患有脑溢血。脑溢血导致受害人露丝（Ruth）永久性残疾。Wever 家族对 DeKraker 医院提起民事诉讼，并声称医院存在医疗过失，如果露丝在第一次咨询期间得到正确诊断，她可以完全康复。DeKraker 医院则认为无论是否及时做出正确诊断，受害人都会遭受伤害，因为脑溢血已经持续了很长一段时间。

在诉讼过程中，荷兰地区法院首先确定由于治疗中的误诊而确实发生了医疗过失行为。虽然法院认为医院的过失影响完全康复机会非常小，但露丝因医疗过失遭受损害，确实应当获得赔偿。荷兰地区法院作出判决，根据专家评估，医疗过失造成露丝失去了完全康复的机会是25%，因此医院应对露丝的损害承担25%的侵权比例责任。针对此类案件，荷兰最高法院确定了应用"机会丧失理论"的损害可能性，确定赔偿金的数额采用避免损失的可能性的侵权比例责任。在这类案件中，机会丧失理论在荷兰法律中得到了确立，尽管它是处理因果不确定

---

[1] District Court of Amsterdam, 15 December 1993, and Appellate Court of Amsterdam, 4 January1996, NJ 1997, 213 (Wever/De Kraker).

[2] See District Court of Utrecht, 28 October 1942, NJ 1943, 231.

第一章 粤港澳大湾区背景下侵权比例责任的一般理论

性事件的次要替代方法。

（三）最终：确定侵权比例责任

1999 年，米德尔堡地区法院在判决"Schaier v. De Schelde 石棉案"[1]时，第一次引入侵权比例责任，成为荷兰第一个适用侵权比例责任的法院。2006 年，"Karamus 诉 Nefalit 案"[2]中，荷兰最高法院接受了侵权比例责任，同时留下了足够的余地来进一步完善。由此，荷兰确定了严格意义上的侵权比例责任，定义为侵权行为人造成受害者损害的民事责任，与侵权行为可能给受害人造成损害的因果可能性成比例。随后荷兰最高法院规定适用侵权比例责任的情形：当损害原因不确定时，法院可以选择适用侵权比例责任。这是侵权比例责任在荷兰法律发展中的转折点。在 2010 年"Foris 诉 Bourgonje 案"[3]中，荷兰最高法院肯定并扩大了以前关于侵权比例责任的适用思路，同时也对其适用范围作了一些澄清。2012 年底，荷兰最高法院发布了一项新的决定，确认并澄清了侵权比例责任原则（"Nationale Nederlanden 诉 Mother and Son 案"[4]），以及在合同责任范围内适用"丧失机会理论"（税务咨询案）[5]。

---

[1] Kantongereche（District Court, Ktr）Middelburg 1 February 1999, Tijdschrift voor Milieuschade en Aansprakelijkheidsrecht（TMA）no 6（1999）（Schaier v De Schelde）.

[2] See I Giesen/TFE Tjong Tjin Tai（fn 3）84~87；JS Kortmann, Karamus/Nefalit: Aansprakelijkheid voor longkanker na asbestblootstelling in het licht van HR 31 maart 2006, Rvdw2006, 328（Karamus/Nefalit）, NJB 2006/26, 1404~1412.

[3] HR24December 2010, RvdW2011, 35. See also I Giesen/ALM Keirse, The Netherlands, in: H Koziol/BC Steiinger（eds）,European Tort Law2010（2011）403, no 82 ff.

[4] HR 14 December 2012, RvdW 2013, 37（Nationale Nederlanden v Mother and son）.

[5] HR 21 December 2012, RvdW 2013, 85（Tax advice）.

目前，荷兰侵权法体系中已经规定了侵权比例责任，而传统的"全有或全无"规则被更公平的侵权比例责任替代。在荷兰法律中，侵权比例责任一直被认为是一种更公正的解决方案，严格的"全有或全无"责任或举证责任则不然。荷兰最高法院承认侵权行为人和受害人的法律责任可以重叠，但实行"全有或全无"规则似乎失去了立足点。当双方对损害承担责任时，相对于他们对损害原因的参与度而言，侵权比例责任将双方的损害责任放在更合理的位置，而不是转移责任。

实际适用中，当不确定受害人的损害是由侵权人的侵权行为引起，还是受害人自己造成时，必须聘请专家就各种原因的可能性进行评估。对于侵权行为造成损害存在极小可能性或极大可能性时，荷兰法律认为"全有或全无"规则不应适用。侵权比例责任规则的实际适用，总是要根据具体情况来决定。法官应该考虑到违反规范的性质、违法行为的性质和损害的性质。在特定情况下，这些因素必须证明适用侵权比例责任规则是正当的。另外，如果在某种程度上，损害是由其他原因造成，而不是由侵权人造成的，侵权人承担的责任比例将适当减少。

四、侵权比例责任在奥地利的发展

奥地利对于侵权比例责任的探讨源于《奥地利民法典》中关于数个侵权行为人的责任规定。

《奥地利民法典》第1301条规定，数人对其通过劝诱、威胁、命令、帮助、隐瞒，直接或间接地共同不法导致的损害承担责任。《奥地利民法典》第1302条规定，损害是因过失导致并且各自的份额可以确定的，则每个人按份承担责任；当无法

第一章 粤港澳大湾区背景下侵权比例责任的一般理论

确定每个侵权人的致损程度时，全体侵权人承担连带责任，同时已赔偿损害的人对其他人保有追偿权。[1]据此，可以确定数人侵权行为承担责任的方式：如果侵权人是各自过失造成损害，侵权人各自承担侵权责任。如果他们是故意损害，且每个侵权人致损的份额不能具体确定，则由全部侵权人对所有的损害承担连带责任。

（一）内部责任分担的侵权比例责任

学者 Franz Bydlinski[2]阐述，在《奥地利民法典》第1301条直接处理的那些案件中，在侵权行为与损害结果之间，尽管侵权人违反了注意义务，责任的依据仅仅是由于违反必要条件而引起的因果关系的可能性。因此，如果证明所有潜在的侵权人实际上已经造成了损害，但不确定各自行为的参与度，则侵权人都应当承担连带责任，再根据内部原因力分担侵权比例责任。

如 Bydlinski 假设：有二十头奶牛从一片草坪上逃离，摧毁了草坪。很显然，至少有一头奶牛属于 A 和另一头属于 B，剩下的十八头奶牛属于 A 或 B。[3]这个假设包含三个不同的方面：①损害的1/20分别归属于 A 或 B；其中一个1/20肯定不是由 B 或 A 的奶牛造成；剩下的18/20的损害，是否由 A 或 B 的奶牛引起的则不能确定。《奥地利民法典》第1302条要求对总损害

---

[1] Bernhard A. Koch, Peter Schwazenegger, "Multiple Tortfeasors under Austrian Law", in: W. V. H. Rogers (Ed.), *Unification of Tort Law: Multiple Tortfeasors*, Kluwer Law International, 9, 2004.

[2] FranzBydlinski 关于因果关系的开创性工作包括以下内容：替代因果关系的责任；德国和奥地利法律造成的损害问题；关于替代因果关系的当前问题；责任原因和巧合是另一种可能的损害原因。

[3] See in particular F. Bydlinski, JBI 1959, 1, 7 f.

中至少有一小部分可以确定,可归因于侵权人的剩余整体部分无法确定。然而 Bydlinski 认为如《奥地利民法典》第 1302 条这般规定,无论是否确定 A 和 B 至少有一头是在 20 头奶牛中,其余 18 头奶牛可以确定不负责任,这不会改变案件的结果。[1]

此类案件核心在于:一是可以肯定各侵权人都导致了一些损害,并依据实际和具体危险行为比例分担责任;二是不能分担的部分,先承担连带责任,再内部行使追索权。如果没有足够的证据区分各自侵权比例责任,所有侵权行为人必须在人均的总体损失中承担相等的份额。

(二)与受害人或第三人之间的侵权比例责任

如果损害是由受害人自己造成的,首先比较侵权人与受害人之间的原因力和过错。如学者 Franz Bydlinski 认为,应当比较潜在侵权人和受害人之间的竞争利益:如果侵权人的行为不当,造成损害(尽管未被证明),那么以牺牲受害人利益为代价是不公平的,除非受害人获得的赔偿是潜在不正当利益[2]。

《奥地利民法典》第 1304 条规定:如果证明受害人的过失造成了自身的损害,则受害人必须承担与贡献程度相当的份额,如果无法确定这一比例,则与侵权人承担同等份额。[3]如果受害人的损害既来自外部原因,也来自受害人自身原因,并将受害人自己的过错视为另一种外部原因,则侵权责任分担的结果即是侵权比例责任的适用,受害人在一定程度上承担自己的过

---

[1] F Bydlinski, JBI 1959, 1, 7 f.

[2] F Bydlinski, FS Frotz (fn 23) 4.

[3] See Schadensverursachung (fn 23) 86 ff; FS Beitzke (fn 23) 30 ff. ;FS Frotz (fn 23) 3. See also H Koziol, (Problems of Alternative Causation in Tort Law), in: H Hausmaninger et al (eds), *Developments in Austrian and Israeli Private Law*, 177 (1999),180 ff.

第一章　粤港澳大湾区背景下侵权比例责任的一般理论

错比例的责任。这就意味着，受害人自己的过错造成损害，受害人应根据其行为的参与度承担一定的侵权比例责任，如果不能确定比例，则要求受害人与侵权人平分责任。

另外，如果损害确实是由于第三人造成的，第三人将与侵权人承担连带责任，并最终根据贡献度（参与度）对另一方行使追索权——要求其承担与潜在侵权人成比例的部分损害责任。如果无法确定他们的贡献度（参与度），所有人都必须承担同等的份额。

Bydlinski 声称，他的这一解决方案是通过解释和分析法合法发展法律的边缘。[1] 当受害人自己存在重大过错，而侵权人过错较小，受害人自己的责任份额应高于侵权人的责任份额[2]，侵权人可以因此减轻或免除一定侵权比例责任。

（三）侵权比例责任的批评与接受

奥地利学者 Wagner 不赞成侵权比例责任的适用，对此提出的批评可以概括为两个主要观点[3]：其一，在因果关系不确定的情况下，侵权比例责任将使被告只承担怀疑而不是实际损害的责任。其二，侵权比例责任对受害人不利，受害人不仅自己要承担一部分损失，还可能要承担因赔偿数额错误而提起诉讼的程序成本风险，甚至要承担几个侵权人中每个人的破产风险。此后，Wagner 又改变了看法，他认为侵权比例责任有利于在传统的"全有或全无"规则这两个极端之间，促使侵权人分担责任，达成妥协，这一点是值得提倡的。

---

[1] F Bydlinski, FS Frotz (fn 23) 4.

[2] See F Bydinski, JBI 1959, 13; id, Schadensverursachung (fn 23) 87; Koziol (fn 2) no 12/11; OGH Case on Natural Causation (2007) 6b/3, no1 (p. 395 ff.).

[3] G Wagner, *Reform des Schadensverursachts*, JBI 2008, 2 (9).

奥地利最高法院最终完全赞同 Bydlinski 的以上观点和提议。奥地利的侵权法律是否需要改革，甚至是否适用侵权比例责任这一根本性的问题都是有争议的，奥地利于 2005 年和 2008 年分别作出侵权法改革草案，在这两个草案不同的条款中，有很多是关于因果关系的规则。最初的草案（Original Draft）采用了 Bydlinski 的提议，并提出了侵权比例责任，但遭到一些学者的激烈批评。因此，2008 年奥地利作出了另一部新草案（Alternative Draft）。这两部草案都体现了奥地利最高法院对侵权比例责任这一概念的接受。

最初的草案第 1294 条第 2 款规定：损害的赔偿责任应根据各归责依据的权重和因果关系的可能性进行分摊。新草案第 1302 条第 1 款规定：如果损害是由于过失造成的，并且可以确定各自的份额，则每个人只对自己的过失造成的损害负责。但是，如果损害是故意造成的，或者造成损害的每个人所占的份额不能确定，则所有人都应当对其承担全部责任。如果无法确定各自的份额，则必须责任均分。由此可见，无论是最初的草案还是新草案，都规定了按一定比例分担侵权责任，即广义的侵权比例责任。"机会丧失"理论与"市场份额责任"规则在奥地利尚未适用。

五、侵权比例责任在英国的发展

在《欧洲侵权法原则：文本与评论》中，欧洲第一侵权小组强调了普通法在接受侵权比例责任理论时，可能遇到特殊困难。比如，侵权比例责任规则对于普通法来说可能是一个大跨步，因为它通常是基于已确立的概率平衡原则。在英格兰侵权法中引入不确定因果关系的"Barker 诉 Corus 英国有限公司案"

第一章 粤港澳大湾区背景下侵权比例责任的一般理论

(Barker v. Corus 2006)[1]中,诉讼推动该案件果断地采用侵权比例责任理论,但几周内其实际效果大部分被立法规定否定。在最应适用侵权比例责任的情况,即因石棉侵权行为而导致间皮瘤发生的情况下,恢复全部连带责任的适用。2011年,一起案件在新英国联邦最高法院审理,"Sienkiewicz 诉 Greif(英国)有限公司案"(Sienkiewicz v. Greif [UK] Ltd)[2]体现出对普通法因果关系原则的质疑,该规定在案适用于间皮瘤案件时进行修改,也适用于其他案件。

英国法律中最常见的责任形式是"比例","成比例"或"比例"责任,是指法院必须按照共同或分别承担相同损害的侵权人各自承担的责任份额计算责任分担,或按照违约者对索赔人造成损害的责任份额计算责任分担。[3]

这种意义上的侵权比例责任,在英国法律中与"Fairchild 诉 Glenhaven 葬礼服务案"(以下简称"仙童"案)[4]中提出的因果关系普通要求之下的"物质风险贡献"责任理论有关。由此可见,英国法律是接受侵权比例责任的,根据其中具有一定确定性的原则,可以将侵权比例责任分类如下:

(一)不能确定侵权人的侵权比例责任

通常情况下,索赔人必须在可能性和责任有衡的基础上证明每个侵权人的因果关系,如果证明成立,则结果是全额赔偿。

---

〔1〕 [2006] United Kingdom House of Lords (UKHL) 20,[2006] 2 Appeal Cases (AC) 572.

〔2〕 [2011] UKSC (United Kingdom Supreme Court) 10,[2011] 2 AC 229, on appeal from Sienkiewicz v Greif (UK) Ltd [2009] England and Wales Court of Appeal, Civil Division (EWCA) Civ 1159.

〔3〕 See eg ICI v Shatwell [1965] AC 656, 677 per Viscount Radcliffe.

〔4〕 Fairchild v Glenhaven Funeral Services Ltd [2002] UKHL 22,[2003] 1 AC 32.

在"仙童"案中,在下述条件下,违反职责和损害之间的因果关系不能满足证明条件的要求:①病因的科学不确定性;②必须确定该情况是由与索赔人有关的相同(或至少相似)风险造成的。依此,普通法将根据侵权人造成的风险比例要求其承担责任。[1]天花受害人的损失是可分割还是不可分割的都适用。然而,按照法律规定,在"仙童"案类间皮瘤病例中,已经重新确立了先承担连带责任,再从内部分担侵权比例责任。[2]

(二)不能确定侵权人和受害人的侵权比例责任——市场份额责任

2003年之前,市场份额责任理论在英国法院的裁决中尚未适用。霍费曼勋爵观察到,在"仙童"案中,侵权责任的分担与他见到的情况不同——因为额外制造品的存在并没有实质性地增加受伤的风险(在一家药店购买药物的消费风险不会因为该药物也可以在另一家药店购买而增加),但他表示,这种情况发生时应考虑市场份额责任。[3]英国法律是否应该接受市场份额责任理论,以及如何将其纳入侵权法的责任分担,取决于法律专家的研究。

(三)不能确定受害人的侵权比例责任——污染和药品案件

此类案件中,侵权人的侵权行为损害了多名受害人,真正受到损害的受害人不确定,有些可能因为其他非侵权原因受害。

---

〔1〕 Baker v Corus (UK) plc [2006] 2 AC 572 (mesothelioma). The Law Lords were not entirely consistent as to the basis of the liability they were creating.

〔2〕 Compensation Act 2003, sec3.

〔3〕 See H Teff, "*Market Share*" Liability-A Novel Approach to Causation (1982) 31 International & Comparative Law Quarterly (ICLQ) 840; JG Teulings, *DES and Market Share Liability in the Netherlands* (1994) 110 LQR 228.

第一章　粤港澳大湾区背景下侵权比例责任的一般理论

也就是说，侵权行为可能增加了受害人遭受特定类型损失或伤害的风险，但可能会发生一些不同的潜在因果机制。

此类案例的典型是"Reay 诉英国核电有限公司案"（Reay v. British Nuclear Fuels Plc）[1]。法院审理的核心是，在核电站的法定框架下，因果关系是判断侵权责任的严格条件。两名受害人主要依靠一项流行病学研究"加德纳报告"，该报告表明侵权核电站附近儿童因白血病死亡人数过多。在某些地区，这一数字是原来的 6~8 倍。侵权核电站声称加德纳报告不可靠。法院表明，仅凭统计证据就证明因果关系存在困难。疾病和暴露之间的关联度只是一个考虑的因素，即使疾病和暴露之间的关联度证明其存在因果关系，也无法得出应赔偿的结论。[2]

因此，此类案件只能参照疾病和暴露之间的关联度，承担侵权比例责任。

（四）风险增加的侵权比例责任

在侵权责任的构成中，一般受害人必须证明侵权人的侵权行为很可能是造成损害的原因。受害人如果能举证证明，侵权人则应承担全部责任；受害人如果不能举证证明，侵权人则不承担任何责任。例如，一名处于危险期的早产儿在被告医院被疏忽对待，增加了他出生时固有并发症的患病风险，并且他随后遭受了严重失明。据调查，医院的疏忽只是造成残疾的六个可能原因之一。虽然无法证明绝对存在确定因果关系，但被告医院对残疾风险存在实质性参与度。[3]

---

[1] [1994] Environmental Law Reports (Env LR) 320.

[2] See also Loveday v Renton (1998) The Times, 31 March: pertussis vaccine not proved to cause brain damage.

[3] Wilsher v Essex Area Health Authority [1988] AC 107.

此类案件中，只要受害人能举证证明医院对其损害的发生存在过失，法院就可以确定医院应承担侵权责任。具体依据对医院在此案件中风险参与度的评估，根据参与度的大小判决医院应该承担的侵权比例责任。

（五）侵权比例责任的"机会丧失"规则

迄今为止，英国法院表明自己很大程度上抵制了扩大侵权法"机会丧失"的责任范围。在实践中，请求"机会丧失"赔偿丧失避免人身伤害机会的案件曾两次被上议院驳回。在"霍森诉东伯克希尔地区卫生局案"（Hotson v. East Berkshire Area Health Authority）[1]中，一名男孩在学校玩耍时从树上摔下来，被送往医院，工作人员疏忽诊断他的病情，导致该男孩患有永久性不适（坏死）。如果他经过适当的照顾、诊断和治疗，那么他有25%的机会避免这种残疾。上议院驳回了对"全部"损害25%的索赔。随后，上议院在另一案件"格雷格诉斯科特案"（Gregg v. Scott）[2]中拒绝了由于疏忽未能诊断索赔人的癌症，导致其预期寿命减少的损失索赔（根据商定的医学证据），其中索赔人的生存机会从42%降到25%。

在英国法院判例或法律文献中，尚未令人满意地解决机会丧失案件与物质捐助风险案件之间的紧张关系。法院本身尚未对有毒工作场所暴露案件（其中已采用侵权比例责任）和丧失医疗机会案件之间的区别进行合理化。"格雷格诉斯科特案"因为受害人恐惧的结果（死亡）实际上并未发生，因此无法要求侵权人承担侵权比例责任。

---

[1] Hotson v East Berkshire Area Health Authority [1987] AC 750.
[2] [2005] UKHL 2, [2005] 2 AC 176.

第一章 粤港澳大湾区背景下侵权比例责任的一般理论

总之,英国侵权比例责任很大程度上取决于"诉讼事故"。英国法律(至少偶尔)准备采取务实的解决方案,以维护公平和正义,并且——在较小的程度上——确保不法行为者适当负责。然而,侵权比例责任的解决方案经常代表了既定原则的特殊例外情况,并且没有认真尝试界定其适当范围或其潜在理由。是否采取行动的损害形式还是特殊适用的因果形式,仍然存在不确定性。

迄今为止,侵权比例责任在英国法律中仍然是普通法的传统证明标准的例外,其中强有力的理由即概率的平衡。更具可能性的因果关系被视为有效证明;不符合此要求的因果关系则是无效的。在英国法律中,侵权比例责任必须至少违反原有基本原则项(也可以说是两者都违反)。在证明标准是确定性或实质确定性的系统中不存在同样的困难,因为在这样的系统中存在(实质上)某种因果关系和(实质上)某种非因果关系之间的广泛不确定性,并且侵权比例责任可以发挥作用而不破坏既定的举证方式。英国为普通法提供适当的侵权比例责任,因为侵权比例责任对特定案件的特定回应不仅仅是回应,还可能涉及对证据和法律原则的基础审查,而不仅仅是对实质性因果关系的审查。

六、侵权比例责任在美国的发展

侵权比例责任在美国的发展主要体现在司法实践和学术研究两个方面。

美国侵权法中并未界定侵权比例责任,但法院已经使用了一些与侵权比例责任类似的概念:一是侵权人的责任份额,在连带责任制度中,采用比较过错,统计侵权人行为的贡献度,计算应赔偿的比例损害赔偿金。[1]二是在司法实践中,有些案件将被告的连带责任改成若干责任份额(按以上相同的方式计算)。[2]三是侵权比例责任被用作几种责任的替代方法,用以区分原有的连带责任。[3]

"侵权比例责任"一词,以及基于因果关系概率分配责任的考虑,在美国学术上的使用比在法院的适用更为完善。很多学者在学术上支持侵权比例责任的各种改革,确定了许多类别的侵权比例责任,具体如下:

(一)机会丧失赔偿的侵权比例责任

关于侵权比例责任的研究,最有影响力的是 Joseph King 教授写的文章。King 教授认为,"应当赔偿的损害包括,失去了一个更好结果的机会或避免未来伤害的机会"。[4]他建议"机会丧失"的适用限于丧失机会的情况,以及侵权人造成受害人身体伤害诉讼中未来的损害。King 教授对损害的再定义,无论是因果关系还是举证责任和标准,都不需要修改机会丧失的扩大赔偿责任。大多数情况下,法院都遵循 King 教授的建议,即将损害重新定义为机会丧失。

John Makdisi 教授主张纯粹意义上的侵权比例责任。他认为

---

[1] See eg Exxon Shipping Co. v Baker 128 Supreme Court Reporter (S Ct) 2605 (US 2008).

[2] See McCarthy v AstenJohnson, Inc 2009 Westlaw Transcripts (WL) 577771 (Central District of California 2009); Levesque v Bristol Hospital, Inc 943 Atlantic Reporter, Second Series (A 2 d) 430 (Connecticut 2008).

[3] See Kopper Co, Inc v Aetna Cas & Sur Co, 98 Federal Reporter, Third Series (F 3 d) 1440 (3 d Circuit [Cir] 1996).

[4] See JH King, Jr, "Causation, Valuation, and Chance in Personal Injury Torts Involving Preexisting Conditions and Future Consequence", *Yale Law Journal* (Yale LJ), 1353 (1981).

第一章 粤港澳大湾区背景下侵权比例责任的一般理论

在任何情况下都不确定因果关系是否存在，为减少由优势法则导致的错误，有必要适用侵权比例责任。其一，侵权比例责任有利于改善侵权法的威慑力，因为责任将更紧密地反映侵权人造成的实际伤害。其二，侵权比例责任有利于进一步推进司法纠正性目标，因为它们要求更准确的损害赔偿金[1]，按侵权比例责任赔偿损失。许多传统的矫正正义倡导者没有面对因果关系不确定性和适当的确定性水平的问题，而是批评那些消除因果关系要求的改革。

（二）市场份额的侵权比例责任

在扩张型"市场份额责任——侵权人与受害人之间不具有因果关联性"的情况中，Allen Rostron 教授希望扩大 DES 案件以外的市场份额责任的适用范围，美国法院已将这些案件扩大至可替代产品，因为它们构成同等风险。[2]这意味着市场份额责任扩大到产生不同风险的产品，并使用侵权比例责任来考虑各自风险的差异。

美国 DES 市场份额案（即 DES 案）[3]支持 Rostron 教授的

---

[1] See N Cohen, "Confidence in Probability: Burdens of Persuasion in a World of Imperfect Knowledge", *New York University Law Review*（NYU L Rev）,388, 397f (1985).

[2] See Allen Rostron, "Beyond Market Share Liability: A Theory of Proportional Share Liability for Nonfungible Products", *University of California at Los Angeles Law Review* (UCLA L Rev), 151 (2004).

[3] 在 1947 年至 1971 年期间，大约有 500 万至 1000 万的美国妇女在怀孕期间，服用过一种叫做 DES 的通用用品来预防流产。此药在市场中流通了数十年后，研究者发现：如果妇女在怀孕期间服用了此种药物，其女性后代罹患癌症的可能性很大。有 200 家公司生产并销售 DES。每个公司所卖的 DES 都是同一种化学结构，因此，可能会引起的危害也是相同的。但原告无法证明哪家生产商的 DES 药品被这些妇女服用并导致她们的损害，最终起诉了部分而不是全部的 DES 生产者。

提案。威斯康星州最高法院关注建立市场份额的行政成本问题，并将其理解为市场份额责任的"风险贡献度"替代方案。[1]虽然法院引用了一位主张风险贡献理论的学者的观点，但法院判定的基于确定被告的因素，违反了侵权比例责任规则，允许单一被告对整体承担责任。在不明确的情况下，法院表示，其新认可的理论可以应用于"事实上类似于 DES"的其他案件，尤其是在石棉案[2]中。

一些学者已经敦促侵权比例责任方案适用于更广泛的 DES 类案件（这包括现代有毒物质、药物、化学物质、石棉引起的疾病和其他损害案件，影响因果关系的科学证据基于统计数据）。学者提出的侵权比例责任，在很大程度上依赖于侵权行为人造成的损害、引发系统性错误，但不超过优势标准时无责任，导致所有其他相互竞争的背景风险的威慑不足。[3]

哈佛大学法学院的 David Rosenberg 教授是倡导这类侵权比例责任实施的学者中最杰出的一位。[4]Rosenberg 教授主张侵权

---

〔1〕 See Collins v Eli Lilly Co 342 North Western Reporter, Second Series (NW 2 d) 37 (Wisconsin 1984). 法院简明扼要地陈述了其理由，"在原告和被告之间，被告可能提供了造成损害的产品，正义和基本公平的利益要求后者承担损害的费用"。

〔2〕 数十家公司所生产的产品里包含石棉，由于这些产品中石棉的比例不同而且防止纤维脱离的结构也不同，所以其产生的风险也不同。接触这些厂家生产的多种石棉产品的建筑工种雇员因此得了皮间瘤。但这些生产公司有的已经不存在了，有的已经破产了。而在此情况中，原告们无法证明哪些被告提供了导致间皮瘤的石棉纤维，甚至无法确定某一被告是否为之。

〔3〕 See R Delgado, Beyond Sindell: Relaxation of Cause-in-Fact Rules for Indeterminate Plaintiffs, *California Law Review* (Cal L Review) 881 (1982); GO Robinson, "Multiple Causation in Tort Law: Reflections on the DES Cases", *Virginia Law Review* (Va L Rev), 713 (1982).

〔4〕 See David Rosenberg, "The Causal Connection in Mass Exposure Cases: A 'Public Law' Vision of the Tort System", *Harvard Law Review* (Harv L Rev), 849 (1984).

第一章 粤港澳大湾区背景下侵权比例责任的一般理论

比例责任在威慑力和司法矫正的基础上尤其有优势。其他学者总结了他的矫正正义立场:"从矫正正义的角度来看,比例原则无疑比在实现侵权制度的目标中更有效地保持权利价值。按比例原则,受害人的损害如果是由其他不法行为、不受惩罚的行为或受害人自己所造成的,获得赔偿的可能性降低。因此,在比例规则下,侵权行为人既不会承担更多的责任,也不会不负损害赔偿的责任。"[1]

Rosenberg教授也提倡更广义的侵权比例责任,承认"风险"是一个可辨识的伤害,受到伤害的风险增加受害人的医疗费用,甚至导致受害人更重大的疾病。Rosenberg教授与现代的两位主要法律和经济学学者William Landes和Richard Posner一起,参与了他的"恢复风险"提案。Landes和Posner欣然接受风险暴露的恢复理论,认为每个暴露在风险中的人,会降低疾病的恢复可能性,因为每个接触风险的人都有可能染上疾病。[2]

(三)"环境污染或药品案件"中的侵权比例责任

Chris Schroeder教授撰写的《以纠正正义为依据》,在"环境污染或药品案件"——受害人不确定的类别"增加风险"意义上,以及"疑难案件"类别中,最持久、最复杂的努力是证明侵权比例责任的合理性。[3] Schroeder教授认为,一个错误的行为一旦发生,侵权行为就完成了,它是否会对另一个人造成伤

---

[1] See A Porat/A Stern, Tort Liability Under Uncertainty 106 (2001); KW Simons, "Corrective Justice and Liability for Risk-Creation: A Comment", *UCLA L Rew*, 113, 125 f (1990).

[2] See WM Landes/RA Posner, *The Economic Structure of Tort Law*, pp. 260~268 (1987).

[3] See CH Schroeder, "Corrective Justice and Liability for Increasing Risks", *UCLA L Rev*, 439 (1990).

害，这是行为人无法控制的偶然性。因此，他被要求支付最终遭受伤害的损失赔偿——这不仅符合纠正正义，而且比基于因果关系更可取。Schoeder 教授认识到，行政成本是采用事先增加的风险阻碍侵权行为的发生。然而，他的结论是有毒物质的案例将归属于他的风险责任提案。

然而，在 Schoeder 教授处理的风险增加的背景下，因果关系的妥协要比事后侵权比例责任更大。北美著名的惩教司法学者 Ernie Weinrib 对 Schoeder 教授做出回应，其观察到随着风险的增加，康复较慢，"患者"与"侵权行为人"紧密联系。[1]

在"环境污染或药品案件"——受害人不确定的案件中，另一个支持侵权比例责任的人是 Dan Farber。[2] Farber 认为，"最有可能成为侵权人有毒物质受害人"的人，可以得到赔偿。该做法将向那些最有可能的受害人提供全额赔偿，同时拒绝向那些可能性最低的人提供赔偿。当侵权人造成的风险增加不到一倍（与未能达到优势标准相对应）时，Farber 认为侵权人将承担责任，向最有可能的受害人支付赔偿金。

Saul Levmore 教授当面质问侵权人，"他造成超过百分之零的损害，但可能永远不会造成超过 50% 的伤害"。[3] Levmore 赞同其他评论家对威慑不足的关切，并建议作为以因果概率折现的损害赔偿的替代办法，应在概率低于 50% 时采取赔偿措施。

---

[1] See EJ Weinrib, "Causation and Wrongdoing", *Chicago-Kent Law Review* (Chi-Kent L Rev), 407, 448 (1983).

[2] See DA Farber, "Toxic Causation", *Minnesota Law Review* (Minn L Rev), 1219 (1987).

[3] See S Levmore, Probabilistic Recoveries, Restitution, and Recurring Wrongs, *J Legal Stud*, 691, 706 (1990).

第一章　粤港澳大湾区背景下侵权比例责任的一般理论

Dan Farber 在 2001 年，就对 Levmore 的提议发表了评论，他指出：现在有广泛的学术共识，认为应该抛弃优势证据规则，转而采取某种形式的概率原则。Ariel Porat 和 Alex Stein 认为，通过允许癌症患者暴露在辐射中，使癌症发病率增加 25%，并在大概率情况下可以康复，这样既能起到威慑作用，也能起到矫正正义的作用。[1]

Lin 教授提议，对可能造成人身伤害的环境污染实行行政补偿制度。[2] Lin 教授希望避免困难的因果问题，提出了一种基于风险的环境污染物排放责任与补偿管理制度。当污染物被释放的时候，主要的污染排放者将会被征税。征税的依据将是排放污染物的数量、可能接触这些污染物的人、接触这些污染物的危险以及对受害人造成的损害的预期代价。个人将根据个人因暴露在污染中的健康风险获得补偿。Lin 教授提到科学证据能够确定低于 50% 的概率，是对"环境污染或药品"案件中侵权比例责任的主要批判基础。

大多数侵权比例责任的支持者假设，合理有效的证据将允许评估有关侵权行为的可能性。David Rosenberg 最明确地阐述了这个关键问题。他写道："流行病学研究可以预测（随着时间的推移准确度不断提高）有毒物质的暴露与癌症发病率相关。"[3] 在 1996 年的一篇文章中，Rosenberg 暗示，科学可以提供关于风险增加的可读的准确证据，这表明由于大多数研究是由神经大学

---

[1] See A Porat/A Stein, *Tort Liability Under Uncertainty*, 124 (2001).

[2] A See C Lin, *Beyond Tort: Compensating Victims of Environmental Toxic Injury*, *Southern California Law Review* (S Cal L Rev), 1439 (2005).

[3] D Rosenberg, "Individual Justice and Collectivizing Risk-Based Claims in Mass-Exposure Cases", *NYU L Rev*, 210, 217f (1996).

或公共卫生研究人员进行的，所以对概率估计的分歧可能不大。

美国国家报告的作者，Michael Green 教授，是在"环境污染或药品"案件中适用侵权比例责任理论的一个突出批判者。[1]他的基本论点是，不存在符合50%或低于50%的风险的可靠证据，而且任何此类增加的风险证据都可能是多余的，而不是真实地反映出这种规模的风险增加。

对侵权比例责任最广泛的考虑包含在一份工作文件中，该文件采用经济分析方法对所有诉讼的优势规则与侵权比例责任进行比较。[2]结果发现，尽管产生更多诉讼，基于判决对侵权人所受责任数额的影响的考虑，优势规则在提供适当的威慑方面做得更好。Leshem 教授得出了一个与其他经济学家不同的结果，这些经济学家考虑了侵权比例责任对威慑的影响，而他不考虑因果不确定性，将不确定性限制在可以朝任何方向发展的证据不确定性上。

此外，关于在其他法律领域采用侵权比例责任原则的讨论很少。

七、侵权比例责任在日本的发展

（一）疫学中的侵权比例责任

日本对于侵权比例责任的理论研究主要体现在应对环境侵权的因果关系判定与责任分担问题中。在判定环境侵权的因果

---

〔1〕 See MD Green, "The Future of Proportional Liability: The Lessons of Toxic Substances Causation", in: MS Madden (ed), *Exploring Tort Law*, (2005) 352, Several aspects of this US Report have been borrowed from this article.

〔2〕 See S Leshem, *All-or-Nothing versus Proportionate Damages* (working paper draft of 2008), available at http://law.bepress.com/usclwps/lewps/art90.

第一章 粤港澳大湾区背景下侵权比例责任的一般理论

关系和处理责任分担问题时产生了疫学因果关系理论。疫学因果关系理论是指在环境侵权中利用统计学的方法,调查各疫学上的因素与疾病之间的关联程度,并根据关联程度的概率大小判断特定因素与患病之间是否存在因果联系。此外,在应对因果关系不明侵权问题时,确信概率说在日本侵权法领域扮演着重要的角色。确信概率说认为,因果关系可能性的百分比概率一旦被法官确信,应当可以作为确定赔偿责任的比例。

(二)大气污染侵权的侵权比例责任

大气污染侵权案件是日本在大气污染侵权诉讼中存在着适用侵权比例责任的经典判例,为侵权比例责任在环境污染案件中的推广适用积累了经验。1978年,日本在"西淀川大气污染诉讼案"[1]中适用了侵权比例责任。"西淀川大气污染诉讼案"源自于10家企业的排污行为导致86名居民患上了疾病,引起了患者及其家属的强烈不满。于是,因大气污染而身患疾病的周边居民向法院提起了诉讼,要求侵权人10家企业承担相应的赔偿责任。法院在审理过程中通过大气扩散模拟实验,获取了侵权人企业大气污染的具体数值,即1970年至1973年间为35%以下,而1973年后为20%以下。以大气扩散模拟实验的数据为基础,法院认定了10家企业对大气污染的原因力比例,并根据原因力比例判决侵权人对1970年至1973年间患病的受害人承担35%的赔偿责任,对1973年以后患病的受害人则承担20%的赔偿责任。[2]

---

[1] 森岛昭夫:《日本法上的环境责任》,马栩生、高敏译,载吕忠梅、徐祥民主编:《环境资源法论丛》(第4卷),法律出版社2004年版。
[2] 王爱群:《城市复合型大气污染侵权中的比例责任——对日本环境污染诉讼判例中比例责任的考察》,载《法制与社会》2014年第7期。

第三节 侵权比例责任的意义

因果关系不确定是侵权纠纷中的普遍现象,法院很难依据侵权行为与损害后果之间相关关系,100%地确定侵权人的侵权行为是受害人遭受损害的事实原因。很多时候法院仅仅能够在可获得证据的基础上,从1%到99%之间估计侵权人的侵权行为造成受害人所受损害的可能性,这种推定往往存在重大的差异。传统上,处理因果关系不明情形的方式主要是适用证据规则中的"证明标准"。当侵权人造成受害人损害的可能性不符合国内法所规定的证明标准时,法院则判决因果关系不成立,侵权人对受害人的损害不需要承担侵权责任;当受害人举证证明侵权人的侵权行为造成其损害达到要求的证明标准时,法院则判决因果关系成立,并且要求侵权人为受害人的损害承担全部责任。

很多因果关系不确定的案件中,尽管受害人已经证明了侵权人有侵权行为,并且侵权人的侵权行为很可能是导致受害人损害结果的原因,但"全有或全无"规则的运用大多导致侵权人免于承担责任而受害人无法获得赔偿。一些国家的法院认为[1],在某些案件中,侵权人被判免责的结果是令人难以接受的。因此,他们采用了侵权比例责任的规则,即根据侵权人的侵权行为导致受害人受损的比例来对受害人进行补偿,即使这

---

[1] 奥地利、英国、以色列、荷兰和美国已采用侵权比例责任。详见 Israel Gilead, Michael D Green, Bernhard A Koch, *Proportional Liability: Analytical and Comparative Perspectives*, 2013 Walter de Gruyter GmbH, Berlin/Boston.

第一章 粤港澳大湾区背景下侵权比例责任的一般理论

个比例未达到证明标准的要求。

"全有或全无"规则向侵权比例责任规则的转换,不仅仅影响"全无"规则,而且也会影响"全有"规则,如果受害人能够根据侵权人的侵权行为造成受害人损害的可能性获得赔偿,那么从逻辑上说,即使这个比例未达到证明标准的要求,受害人仍然有权获得部分赔偿。只有当100%地确定侵权人的侵权行为是受害人所受损害的必要原因时,受害人才有权获得全部赔偿。侵权比例责任规则不仅有益于受害人(判决获赔总比不赔好),而且有利于损害的控制(判决部分补偿而不是全部补偿)。可见,侵权比例责任的适用让侵权人得到了应有而不是过分的处罚。侵权比例责任的适用主要体现以下几方面意义:

一、符合侵权责任构成理论中的公平原则

现代各国关于侵权责任的立法均强调,行为人应对自己行为负责,此种对自己的行为承担责任原则反映了侵权责任构成理论中的公平原则。在侵权责任构成理论中,侵权人应对自己的行为负责,并为因自己的侵权行为或者准侵权行为(如行为人自己所监护的人或者所拥有的物实施的侵权行为)所造成的损害承担侵权责任,对于因他人侵权行为而造成的损失不承担责任。[1]侵权比例责任是强调行为人对自己的侵权行为或者准侵权行为按照自己的责任比例承担责任。侵权比例责任中自己责任原则主要体现在两个方面:一方面,多数人侵权中,侵权人各自对自己的行为造成受害人损害部分,按比例

---

[1] 张新宝:《侵权责任法立法的利益衡量》,载《中国法学》2009年第4期。

承担责任;另一方面,当受害人存在过错时,通过比较过失方式,相应地免除侵权人的部分责任,减少侵权人承担责任的比例。

依据对自己的行为承担责任的法理精神,侵权法在确定责任构成时应当尽可能地保持公平,以便行为人真正地只对自己的行为后果负责,而不是被发挥道德作用。侵权比例责任强调,侵权行为人对自己的行为按其原因力大小比例和过错比例承担损害赔偿,尽可能地实现行为人只对自己行为造成的损失负责的价值追求。

二、符合侵权责任范围确定理论中的正义原则

罗尔斯在《正义论》中说:"正义是社会制度的首要价值,正像真理是思想体系的首要价值一样。"[1]正义应该是所有法的具有优先地位的价值,而且正义是所有法的根本价值。亚里士多德认为,广义上的正义不仅意味着以德行对待自己,也指以德行对待他人。[2]侵权责任范围的确定可以分别通过矫正正义和分配正义加以实现。矫正正义强调得与失之间的适度,借助矫正正义来恢复双方的平等地位,实现双方当事人之间得与失的均衡,又保护侵权行为人免受过度私人复仇或承担过重责任的双重目的。分配正义是按照一定分配标准进行分配,在侵权法中就是按照当事人的过错和原因力进行责任分担。因为"正义以数学的术语将财产的函数界定为平等的函数;在数学上,

---

〔1〕 参见[美]约翰·罗尔斯:《正义论》,何怀宏、何包钢、廖申白译,中国社会科学出版社1988年版,第1页。

〔2〕 参见[古希腊]亚里士多德:《尼各马可伦理学》,廖申白译注,商务印书馆2003年版,第130页。

第一章 粤港澳大湾区背景下侵权比例责任的一般理论

通过平等的标记将一个人与其他人联系起来"。[1]分配正义按照"几何比例"的原则去实现就是"比例分担原则"。[2]

与"全有或全无"的因果关系判定和证明思路不同的是,侵权比例责任的处理方式使受害人的损害得到了一定比例的赔偿,与因果关系略微达不到证明标准时无法获得赔偿相比,侵权比例责任更有利于恢复当事人间的平等和达到得与失之间的适度,符合矫正正义的价值追求。

三、符合侵权责任分担理论中的有效分配原则

如果侵权人的行为确实存在过错,依据传统证据规则"举证标准"的方法,受害人需要提供证据证明因果关系可能性。最终依据受害人提供证据所证明的可能性,法院判决侵权人应承担的责任。当侵权人确有过错,而因受害人无法证明其受到的损害与侵权人的侵权行为有因果关系可能性时,法院以因果关系不成立为由判决侵权人不承担责任,"不负责任"的结果可能会导致不公正。确实实施了侵权行为的侵权人反而被免除责任,这将可能对侵权人产生不良的激励措施,诱使更多的不法行为,以致对受害人的不公正。与之相对,某一侵权人实际没有造成全部损害,但要求其承担全部侵权责任,可能会导致另一种过度威慑的不公正。因此,有些法院采用侵权比例责任原则,根据被害人侵权行为造成损害的可能性对受害人进行赔偿。侵权比例责任要求有过错的侵权人对其伤害负

---

[1] 参见[加拿大]欧内斯特·J.温里布:《私法的理念》,徐爱国译,北京大学出版社2007年版,第64页。

[2] 参见[英]W.D.罗斯:《亚里士多德》,王路译,商务印书馆1997年版,第231页。

有赔偿责任,而伤害是由侵权人过失造成的,因此不容易受到这些不完善的影响,在社会上更适合法院目前考虑的所有其他责任规则。[1]

侵权比例责任分担形态依据的是分配公平中的"几何比例"方法,即在数学等比定理的基础上进行的形象比喻,具体内容为:如果 $A:B = C:D$,$A:B$ 代指双方的可责难性与原因力比例,$C:D$ 代指分配给双方的责任比例,那么 $A:C = B:D$。[2]这也就意味着根据可责难性和原因力比例确定责任分担的比例是一种理想的公平结果,符合分配公平在侵权责任分担上的追求。需要补充的是,对于可责难性的判断,在过错责任侵权行为中体现为主观过错,而在无过错责任侵权行为中体现为客观危险。

四、符合侵权责任法补充功能的原则

侵权比例责任在侵权中的适用,体现了侵权责任法对受害人的损害补偿功能,侵权赔偿责任的目的是使得受害人回复到损害事件未曾发生时其应处的状态,即"应有状态"而非"原有状态"。[3]侵权比例责任使得侵权人适度地承担了经济上的不利益,体现了侵权责任法对受害人的补偿功能。主要表现为:一是侵权人要赔偿受害人经济损失,补偿受害人遭受的损害;如

---

[1] Stremitzer, A. & Tabbach, "The Robustness Case for Proportional Liability", *The B. E. Journal of Theoretical Economics*, 14 (1), pp. 371~395.

[2] 参见王竹:《侵权责任法疑难问题专题研究》,中国人民大学出版社2012年版,第152页。

[3] 程啸:《试论侵权行为法之补偿功能与威慑功能》,载《法学杂志》2009年第3期。

第一章 粤港澳大湾区背景下侵权比例责任的一般理论

在多数人侵权中，分摊损失（loss-preading）是补偿功能的体现。二是恢复原状，侵权人通过分担责任方式恢复受害人的损害。

侵权责任法从通过损害转移到通过损害分散来补偿。传统"全有或全无"规则是判断侵权行为与损害结果中因果关系是否成立，判定侵权人是否承担侵权责任，如果因果关系成立，侵权人承担侵权责任，是损害的转移。侵权比例责任是在侵权人和受害人之间、多名侵权人之间、侵权人和其他因素之间，通过损害分散的方式来补偿受害人的损害。因此，侵权比例责任的适用将有利于侵权责任法发挥适度补偿功能，一方面实现了对受害人损害的填补，另一方面通过按比例分担填补，积极有效地协调了侵权责任法的补偿功能。

本章小结

侵权比例责任是源自英美法系的实践，提出的一个侵权责任分担的概念。侵权比例责任要求侵权人应对自己的侵权行为或准侵权行为负责，通过比较侵权人和受害人之间，或者多数侵权人之间的原因力大小和过错大小，按照一定比例承担侵权责任。目前在世界范围内，侵权比例责任在很多国家和地区已经成为一种法律制度。

侵权法中，事实因果关系决定侵权责任是否成立，法律因果关系决定责任范围。如果按照传统"全有或全无"的因果关系规则，受害人的举证直接影响侵权责任是否成立，决定其是否获得赔偿。然而，实际生活中，侵权人确实造成损害，受害人举证证明的证据又不足以达到证明标准，传统侵权法将无法支持受害人获得赔偿。这些情况的发生,显然不符合侵权法公平、正义、有效的价值和目标。广义上的侵权比例责任既适用于因果关系不确定的情形,也适用于因果关系确定的情形,不仅限于比较因果关系可能性作为其判定比例的基础,而且还可以依据过错程度、原因力大小等核心要素作为比例判定的基础。

# 第二章
侵权比例责任类型考

有些国家和地区把侵权比例责任分为：A、B、C、D四种类型及相关的子类型。这样分类主要有四个原因：

第一，分类是为了更好地确定每种类型的责任形式，实现侵权法的目标。因为不同责任形式实现侵权法的目标各不相同，更重要的是，侵权法不同的责任形式可能指向不同情况和不同类型。侵权比例责任很可能是一个类型的优先责任形式，但不是另一个类型的优先责任形式，可能适用某一主要类型的一种子类型，但不适用另一种子类型。因此，通过分类，确定侵权比例责任在某些情况下，是否可以替代"全有或全无"传统责任形式，实现侵权法的目标是侵权比例责任存在的终极意义。

第二，分类有助于澄清侵权比例责任产生的实践和理论问题，以及它的影响和后果。在实践中梳理责任分担的相关案例，选择典型代表性案例，辅助说明每一分类的实践情况，再从侵权法目的角度，对每种分类进行理论分析。如分类中列举了各种情况：过去和未来的伤害之间的区别，多数侵权人和多数受害人之间的区别，仅仅在损害不确定性与损害程度不确定性之间的区别，以及其他与分类相关的区别。

第三,分类有利于侵权比例责任的术语使用,规范相关责任分担规则的表述。对于侵权责任分担,有些国家法律已经采取了一些接受或否定因果关系的责任形式,如连带责任、按份责任。还有些国家在不同情况之间,存在表述差异,如常用"替代责任""市场份额责任"和"机会丧失"之类的术语来标记其中一些侵权责任分担规则。分类将包含以上这些术语,并将它们整合为更全面的责任分担结构,统一成"侵权比例责任"形式。

第四,分类给司法实践提供了可参考的判例。每个类型中都列举了相对应的案例,这是每个类型的关键,而且实际上也是"必须"的要素。在任何严肃的学术、司法和立法尝试中,分类便于标记侵权比例责任的适用情形并划出界限。它使法院能够事先明确实施侵权比例责任的情况,从而使他们更容易适用侵权比例责任制度。但更为重要的是,在分类的帮助下,界定侵权比例责任的范围是确定法律的前提条件。[1]

下文参照分类,对各种侵权比例责任的类型进行具体分析。首先,对各类侵权比例责任进行情况说明,列举此类典型案例。其次,结合每类典型案件,比较侵权比例责任与现有"全有或全无"责任、共同责任制度的适用情况,研究此类别的具体司法适用。最后,列举各国对每一类型的接受情况,并说明此类型在我国的司法实践情况。

具体分类如下图:

---

[1] See Israel Gilead, Michael D Green, Bernhard A Koch, *Proportional Liability: Analytical and Comparative Perspectives*, Walter de Gruyter GmbH, Berlin/Boston 10~11 (2013).

第二章　侵权比例责任类型考

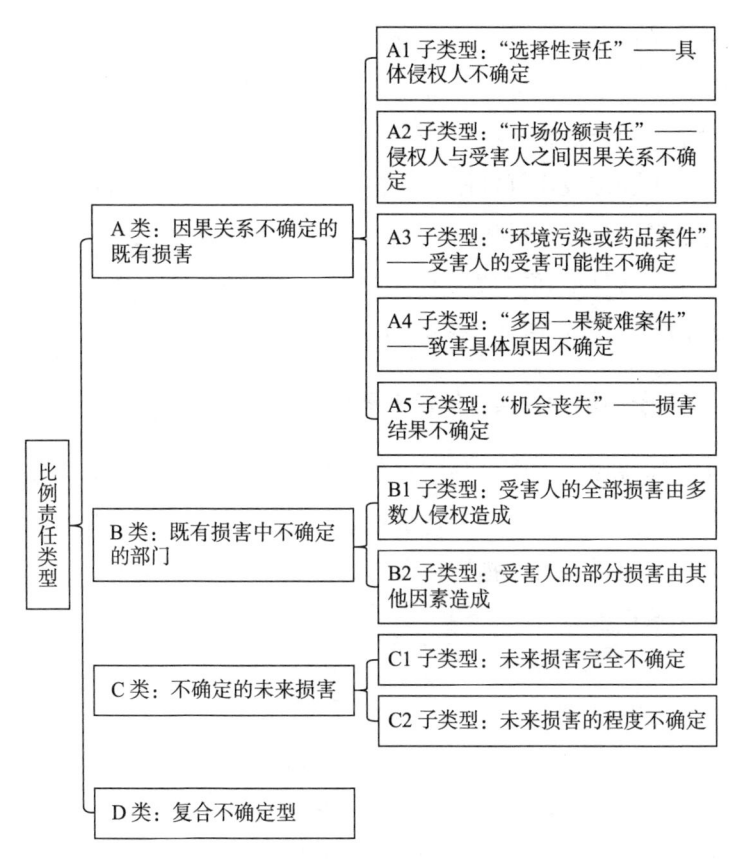

```
比例责任类型
├── A类：因果关系不确定的既有损害
│   ├── A1子类型："选择性责任"——具体侵权人不确定
│   ├── A2子类型："市场份额责任"——侵权人与受害人之间因果关系不确定
│   ├── A3子类型："环境污染或药品案件"——受害人的受害可能性不确定
│   ├── A4子类型："多因一果疑难案件"——致害具体原因不确定
│   └── A5子类型："机会丧失"——损害结果不确定
├── B类：既有损害中不确定的部门
│   ├── B1子类型：受害人的全部损害由多数人侵权造成
│   └── B2子类型：受害人的部分损害由其他因素造成
├── C类：不确定的未来损害
│   ├── C1子类型：未来损害完全不确定
│   └── C2子类型：未来损害的程度不确定
└── D类：复合不确定型
```

图 2-1　侵权比例责任类型

第一节　A类：因果关系不确定的既有损害

因果关系不确定的既有损害，我们称为 A 类，包括不确定侵权人的侵权行为是否是受害人既有损害的实际原因。因为受害人的损害可能来自于其他侵权人的侵权行为、非侵权行为或者受害人的过错。在这类案件中，受害人损害由侵权人造成的

· 65 ·

可能性范围是1%~99%。根据传统的"全有或全无"规则,当受害人举证证明该可能性超过规定的证明标准(51%),侵权人将对损害负全部责任;当低于规定的证明标准时,则不负责任。相比之下,侵权比例责任"纯粹"规定侵权人按照其造成损害的可能性,从1%~99%的比例对受害人的损害负责任。

基于这类不确定情况的各种原因,A类容纳了大部分侵权案件,因此将A类进一步分为以下五个子类型:

一、A1子类型——具体侵权人不确定

具体侵权人不确定是已经确切知道多名侵权人中有人实施了侵权行为,并给受害人造成损害,同时可以确定不是所有侵权人都造成受害人的损害;受害人不能举证证明是哪位侵权人造成了该损害。

(一)情况分析

1. 相关案件

范例1[1]:"猎人案"(不知道哪位是实际误杀受害人)。该案中只知道三位猎人中有一人开枪误杀了受害人,但受害人不能举证证明是哪位猎人造成了该伤害。

在这类案件中,有两种承担责任的可能。一种是按照侵权比例责任,法院应该对三位猎人进行询问调查,对其子弹进行甄别,如果无法查明具体侵权人,按照三位造成受害人伤害的

---

[1] 范例1"猎人案":三位猎人同一时间在森林里打猎,并且同时向他们误以为是猎物的人开枪。受害人被子弹射中之后,起诉了三位猎人,但没有证据证明是哪位猎人的子弹打伤了原告。See Israel Gilead, Michael D. Green, Bernhard A. Koch, *Proportional Liability: Analytical and Comparative Perspectives*, Walter de Gruyter GmbH, Berlin/Boston 12 (2013).

可能性比例进行责任分担。另一种是法院只能确认三位猎人中的一人造成受害人损害，其他猎人又不能举证排除自己侵权，因不能确定具体侵权人，判处三位猎人承担连带责任。

范例2[1]："石棉案"（不确定哪位雇主实际引发受害人的癌症）。此类案件一般也有两种承担责任的可能。一种是因受害人无法举证证明其损害是由哪位或哪几位雇主的行为造成，法院通常判决受害人举证不能，雇主不用承担责任，即无责任。另一种是法院要求四位雇主举证证明自己的行为没有造成受害人损害，如果不能举证，按照过错推定原则要求雇主根据造成受害人损害的概率承担侵权比例责任。

这两种案件按照传统的侵权责任法，如果受害人不能举证证明其受到的损害是行为人所为，所有行为人将不承担责任，即"无责任"，受害人不能获得救济。另一种情况是受害人能证明行为人实施侵权行为，但不能证明是哪位所为，根据过错推定原则，所有行为人将被认定为是共同危险行为人，承担"共同责任"。所有可能的侵权人将共同承担责任，受害人可以起诉他们中任何一个要求全部赔偿。

2. 责任比较

（1）侵权比例责任与"无责任"相比较。此类案件中，适用侵权比例责任与无责任的选择相比，侵权比例责任的适用结

---

[1] 范例2"石棉案"：原告在工作环境中接触到石棉隔热产品，他在20年的时间跨度中受雇于四个雇主，每一位雇主都没有为原告提供劳动保护以避免吸入石棉纤维，从而使原告面临患上石棉肺病的风险。最终原告得了间皮瘤，这种病只需要吸入很少剂量石棉纤维就会开始漫长患病过程。由于无法确定原告吸入石棉纤维是受雇于哪一位或者哪几位雇主的时期，原告起诉了四位雇主。See Israel Gilead, Michael D. Green, Bernhard A. Koch, *Proportional Liability: Analytical and Comparative Perspectives*, Walter de Gruyter GmbH, Berlin/Boston 12 (2013).

果是，受害人确实受到损害，侵权人应当承担侵权责任。即把受害人的损害转移给侵权人，并在多名侵权人中按侵权可能性比例分配。首先，从正义的角度出发，合理分担侵权责任的要求显然支持侵权比例责任的适用。当侵权人都实施了侵权行为，受害人是无辜的。如果不赔偿受害人，风险分配肯定是不公平的。每个侵权人都会逃避责任，而无辜的受害者将两头落空，受到损害且得不到赔偿。侵权比例责任就是要阻止潜在的侵权人进行这种错误或不道德的活动。如果没有侵权行为，受害人不会受到损害，因此损害即责任。其次，从效率的角度出发，在此种情况中，避免损害的最低成本是预防损害。承担侵权比例责任在某种程度上，鼓励行为人提前做好预防，避免损害，或者购买风险责任保险，降低损害的扩大。

总之，无论从正义还是从效率的角度考虑，此类案件都支持"无责任"向侵权比例责任转变。但是如果受害人自己存在重大过错，侵权人只是轻微疏忽时，很难确定哪位侵权人对此危险的风险负有因果关系，受害人应为自己的过失承担损害责任。即在侵权比例责任分担上，侵权行为人将由此减轻责任或无责任。

（2）侵权比例责任与"共同责任"中连带责任相比较。上述类型案件在很多国家，都采用连带责任，即认定所有侵权人是共同侵权，对受害人承担"共同责任"中的连带责任。受害人可以向任何一个侵权人要求获得全部赔偿，已赔偿的侵权人再通过追索权与其他侵权人分担责任。也就是说，赔偿责任先由一个侵权人承担，再转移至多个侵权人。这种责任方式最终也许对受害人有利，而对侵权人特别不利。其中一个侵权人因连带责任承担全部责任，当其他侵权人无偿付能力时，此承担连带责任的侵权人需要多次诉讼追偿其他侵权人，由此将增加其诉讼费用和承受其他侵权人赔偿不能的风险。连带责任实际增加了侵权人之间的再次追偿分担环节。对于已经赔偿的侵权人在公正和效率方面，都存在极大困扰。

侵权比例责任通常根据侵权人所造成既有损失的概率，分配损害赔偿；共同连带责任是考虑和比较过错分担侵权责任。侵权比例责任是一次性分担责任；连带责任是任何一个侵权人都有义务承担全部责任，再通过追偿分担责任，增加了二次分担的程序。

（二）A1子类型各国综合比较[1]

表 2-1　A1子类型各国综合比较

	无责任	共同责任（连带责任）	侵权比例责任	其他责任形式	现状
奥地利		√			改革项目提出侵权比例责任
捷克斯洛伐克		√			仅适用于所有侵权人对受害者的权利造成直接威胁的情形
丹麦	√				连带责任适用于共同侵权行为或相互牵连的影响，除此之外将根据先前的原因力采用分担责任的公平解决方案

---

〔1〕 Israel Gilead, Michael D Green, Bernhard A Koch, *Proportional Liability: Analytical and Comparative Perspectives*, Walter de Gruyter GmbH, Berlin/Boston 25~26 (2013).

续表

	无责任	共同责任（连带责任）	侵权比例责任	其他责任形式	现状
英国	√	√	√		侵权比例责任仅适用于科学因果不确定的情况下,即相同或类似风险可能实际发生,而不是在"间皮瘤案"情况下适用(连带责任的情况)
法国		√			可能用公共基金来赔偿(如"猎人案")
德国		√			
希腊		√			
以色列		√			根据《以色列民法典》的建议,法院可以在侵权比例责任和连带责任之间作出选择;这似乎也是以色列国务委员会的倾向
意大利	√	√			连带责任限于共同危险活动的案件
荷兰		√			
挪威	√	√			举证责任往往被转移至侵权人,以便其否定事实因果关系

续表

	无责任	共同责任（连带责任）	侵权比例责任	其他责任形式	现状
波兰		√			特别适用于损害是可分担的情形
南非	√				
西班牙		√			医疗事故案件中共同责任适用受限
瑞士	√				学术支持共同责任和侵权比例责任
美国		√		√	举证责任转移至侵权人。如果举证不能，侵权人将因相关过错被起诉或承担共同责任

根据对以上16个国家的调查，采用单一责任形式的丹麦、南非和瑞士认定此类案件不承担责任，即"无责任"，但瑞士学术界支持连带责任和侵权比例责任。奥地利、捷克斯洛伐克、法国、德国、希腊、以色列、荷兰和西班牙一般采用连带责任。较为复杂的是意大利，一般认定不承担责任，只有在共同危险行为中认定为共同侵权，采取连带责任。挪威一般认定不承担责任，并将举证责任转移给侵权人，侵权人不能举证证明其不构成侵权时，推定其承担连带责任。最为复杂的情形是英国，不能举证证明侵权人实施侵权行为时，侵权人不承担责任；在科学因果不确定性的情况下，适用侵权比例责任。这是在此类案件中，唯一明确适用侵权比例责任的国家。而英国对于"石

棉案",则要求侵权人承担连带责任。除此之外,奥地利就此类案件,在改革项目中提出了侵权比例责任。以色列在其民法典中提出,法院在侵权比例责任和连带责任中择一适用,但更倾向于连带责任。美国将举证责任转移给侵权人,如果侵权人举证不能,将承担共同责任,适用连带责任或其他责任形式。在我国,范例1虽然无法确定具体侵权行为人,但要求行为人承担连带责任。范例2中,因为受害人不能举证证明因果关系成立,侵权人一般不承担责任。因此,受害人的举证责任就决定了其是否获得损害赔偿,如举证不能,有可能放纵已经实施侵权行为的侵权人。

二、A2 子类型——侵权人与受害人之间因果关系不确定

此类型是侵权人存在过错,受害人确实受到损害,但是不能确定哪些侵权人对哪些受害人造成损害,因为两者之间不确定具有因果关联,因此在责任分担方面值得研究。

（一）情况分析

1. 相关案件

范例3[1]:"DES 案"（受害人无法证明哪家生产商的 DES 药品被其母亲服用并导致了她们的损害,起诉了部分而非全部的 DES 生产者）。

---

[1] 范例3 "DES 案":有200家公司生产并销售一种叫做 DES 的通用药品来预防流产。每个公司所卖的 DES 都是同一种化学结构,因此,可能会引起的危害也是相同的。此药在市场中流通了数十年后,研究者发现:如果妇女在怀孕期间服用了此种药物,其女性后代罹患癌症的可能性很大。但受害人无法证明哪家生产商的 DES 药品被其母亲服用并导致了她们的损害,因而起诉了部分而非全部的 DES 生产者。See Israel Gilead, Michael D Green, Bernhard A Koch, *Proportional Liability: Analytical and Comparative Perspectives*, Walter de Gruyter GmbH, Berlin/Boston 13 (2013).

第二章 侵权比例责任类型考

这类案件中，有两种承担责任的可能。一种是不承担责任，因为受害人无法证明造成损害的具体药品公司，根据传统的侵权行为法，不能证明侵权行为与损害结果之间存在因果关系，侵权人不承担侵权责任。另一种是侵权人承担连带责任。只要受害人能证明其受到损害是由此类药品造成的，所有生产此类药品的企业都应该承担连带责任。

范例4[1]："间皮瘤案"（受害人因石棉纤维导致间皮瘤，无法证明是哪些侵权人提供石棉纤维致害，甚至无法确定某一侵权人是否侵权）。

此类案件，也有两种承担责任的可能。一种是不承担责任，因为受害人无法证明造成损害的石棉纤维是导致其产生间皮瘤的原因，根据传统的侵权行为法，不能证明存在因果关系，不构成侵权责任。另一种是采用"市场份额责任"。"市场份额责任"是在包括多名侵权人导致多名受害人受到损害的情况下，由于不确定究竟是哪一个侵权人导致了受害人的损害（范例3和范例4），每个侵权人按照其在市场中所占份额的比例承担侵权责任。与A1子类型的案件不同，这类案件中，每一个侵权人确实造成某些受害人的损害。不能确定的是，哪一个侵权人造成哪一个受害人的损害，即不能确定特定的侵权人和特定受害人之间的因果关系。

传统的侵权法认定此类案例中因果关系问题时，通常因不能

---

[1] 范例4"间皮瘤案"：数十家公司所生产的产品里包含石棉，由于这些产品中石棉的比例不同而且防止纤维脱离的结构也不同，所以其产生的风险也不同。接触这些公司生产的多种石棉产品的建筑工种雇员因此得了间皮瘤。但这些公司有的已经不存在了，有的已经破产了。而在此情况中，受害人无法证明是哪些侵权人提供了导致间皮瘤的石棉纤维，甚至无法确定某一侵权人是否为之。See Israel Gilead, Michael D Green, Bernhard A Koch, *Proportional Liability: Analytical and Comparative Perspectives*, Walter de Gruyter GmbH, Berlin/Boston 13 (2013).

确定哪一个侵权人造成哪一个受害人损害,因果关系不成立,认定侵权人不构成侵权,不承担责任。如果每个侵权人都按照实际造成受害人损害的概率及相对应损害的比例对每一个受害人承担责任,那么,如果所有受害人起诉所有侵权人(并假设概率的准确和数据是一致可用的),最后的结果将是每个侵权人都付出等于实际造成受害人损害的赔偿,每一个受害人将得到实际遭受损害的补偿。这类案件中"市场份额责任"是侵权比例责任的变通。

2. 责任形式比较

(1)侵权比例责任与"无责任"比较。首先,此类案件中如果因为侵权因果关系不成立,采用"无责任"规则,显然不公平。每个实施侵权行为并造成他人损害的侵权人,都可能因此逃避责任。而对那些因侵权行为受害的无辜受害人,仅因为不能证明具体是谁造成其损害,因果关系不明确而不能索赔。从公正的角度考虑,受害人指控侵权人承担责任,承担责任也将阻止潜在侵权人实施侵权行为。其次,此类案例如果适用"无责任"规则,不能体现侵权法的威慑力。

相比之下,侵权比例责任可以"内化"侵权人不良行为的社会成本,要求其按照市场份额的比例承担责任,从而阻止他们产生社会上不可低估的风险。在社会风险的情况下,侵权比例责任可以促进有效的损害分摊。与"无责任"比较,侵权比例责任需要付出更多的行政成本。如此类案件中,侵权比例责任需要多样性索赔的管理成本和建立因果关系概率的成本。侵权比例责任可能引发一个受害人或侵权人大规模"洪水"量的诉讼。在没有特别规定一个确定的管辖权的情况下,侵权比例责任可能涉及显著成本和遇到建立所需概率的困难,包括这样的概率根本不能建立或不具有足够精确度的可能。

如范例 3 索赔的数量是比较容易计算的，侵权人生产一个有缺陷的产品的市场份额与受害人因侵权人的产品遭受损害的概率非常近似。然而，即使在历史基础上建立市场份额也会需要大量的管理成本，根据"市场"的选择范围，可能需要在每一种情况下，重复进行审判。范例 4 中存在大量潜在索赔，而且很难建立因果关系概率。如果每个侵权人对受害人的损害及对总体损害分配存在一定因果关系，因为不同的石棉产品带来不同的风险，因此可以参照"市场份额责任"适用侵权比例责任。

（2）侵权比例责任与"连带责任"比较。在 A2 子类型中，侵权人适用"连带责任"，即受害人从任何一个侵权人那里得到全额赔偿，然后该侵权人通过行使追索权要求其他侵权人分担赔偿。与 A1 子类型案件一样，"连带责任"的追索权转变成多重诉讼的成本，以及其他侵权人无力偿还的风险。而且，连带责任的问题在于，当受害人和侵权人人数众多时，某些侵权人对受害人造成损害的可能性非常小，对于造成损害较小的侵权人或少数侵权人判处全部责任可能会导致不公平的结果。如果受害人根据自己的方便，起诉了市场份额很小的侵权人，即他们的过失或对整体风险的因果关系可能比其他侵权人小，按照连带责任，即使他们很难成功地对其他市场份额大的侵权人提出追索权要求，他们也应承担全部责任。但这种最终结果既不公平也无效率。

侵权比例责任则能按照侵权人各自市场份额比例分担责任，要求侵权人承担其造成损害的比例分担责任。侵权比例责任减少了不公平的责任分担，又避免了再次诉讼的成本。

（3）侵权比例责任与"公法解决方案"比较，"公法解决方案"，是通过税收、罚款或基金计划等公共措施替代侵权责任。如收来的款项将被用作于集体或个体恢复受害人的损害，并且帮助防止将来类似的侵害。这种在私法解决方案和公法解决方案之间灰色领域的请求权,也许会提升公平和效率。但此种方案需要专门制定立法和行政机制,特别是在侵权事件之后设立特别(临时)项目。为特定的案例,提供量身定制的解决方案,也可能有利于解决问题。但也存在这样的问题:为什么仅有一些受害人可以从特定的补偿计划中获益?

侵权比例责任解决方案不仅可以绕开"因果关系问题"——确定哪个侵权人损害了哪个受害人,而且也可以通过提高侵权活动成本促进公正和效率威慑,通过从侵权人转移资源到受害人来促进公平风险的分配。而且,不用确定侵权法需要的单个事实就可以制定一个补偿计划,从而促进司法效率。它的优势是直接确定侵权人的责任并将侵权责任按比例分担,简化了问题。

侵权比例责任另外一个优势是:受害人不需要确定每个侵权人对每个受害人造成伤害,而是将受害人的总体损害作为一个整体,提起代表性的索赔诉讼。然后,在总的裁决中要求所有侵权人,按照各自的市场份额分配侵权责任。

(二)A2 子类型各国综合比较[1]

表2-2 A2 子类型各国综合比较

	无责任	共同责任 (连带责任)	侵权比例 责任	其他责任 形式	现状
奥地利					目前仍然没有此类案件,但学术界支持侵权比例责任

---

[1] Israel Gilead, Michael D Green, Bernhard A Koch, *Proportional Liability: Analytical and Comparative Perspectives*, Walter de Gruyter GmbH, Berlin/Boston 30 (2013).

第二章 侵权比例责任类型考

续表

	无责任	共同责任（连带责任）	侵权比例责任	其他责任形式	现状
捷克斯洛伐克	√				
丹麦	√				除非受害人能够证明因果关系，否则侵权人不承担责任
英国					
法国		√			
德国	√				
希腊	√				
以色列			√		侵权比例责任可以根据"经常性偏差"规则强制执行；根据拟议的《以色列民法典》，法院在侵权比例责任和连带责任中择一适用
意大利	√				目前仍然没有此类案件，似乎适用"无责任"
荷兰		√			
挪威	√				除非受害人能够证明因果关系，否则更有可能适用"无责任"
波兰					目前仍然没有此类案件

续表

	无责任	共同责任（连带责任）	侵权比例责任	其他责任形式	现状
南非	√				
西班牙					最高法院更倾向采用共同责任
瑞士					目前仍然没有此类案件，改革提议和法律原则中提倡侵权比例责任
美国				√	侵权比例责任体现为市场份额责任的形式，采用"对侵权法没有广泛影响的适度原则"

根据对以上16个国家的调查，多数国家对此类案件采取无责任形式，如捷克斯洛伐克、丹麦、德国、希腊、意大利、挪威和南非。少部分国家承担连带责任形式，如法国、荷兰。仅以色列采用侵权比例责任形式。奥地利目前仍然没有此类案件，但学术界支持侵权比例责任。美国采取其他责任形式，如采用市场份额责任的形式来承担侵权比例责任，并采用"对侵权法没有广泛影响的适度原则"。西班牙最高法院更倾向采用共同责任。瑞士目前没有此类案件，改革提议和法律原则中提倡侵权比例责任。我国对于此类案件通常认定为"大规模产品侵权"，按产品责任形式分担侵权责任。

三、A3 子类型——受害人的受害可能性不确定

受害人的受害可能性不确定，是指在众多可能受害的人中，真正受害的人数不确定。该类型通常包含环境污染、药品或类似的危险源案件，这些危险源增加了罹患某种疾病的风险，不排除其他非侵权的因素也会导致部分的病患。比如在环境污染案件中，受污染的范围很广，可能受到污染的人数众多，但真正是哪些人受到环境污染的损害无法确定。

（一）情况分析

1. 相关案件

范例5[1]："糖尿病药案"（某种用来控制怀孕妇女糖尿病的药物，导致怀孕妇女的后代出生时有先天缺陷的可能性比未服用此药的人高40%）。首先，制药公司生产用来控制怀孕妇女的糖尿病的药物是危险源；其次，怀孕妇女服用此药品增加了其后代发生先天缺陷的可能性，但是不能确定服此药品的众多人哪些确实受害。

A3子类型案件中，侵权人的侵权行为增加受害人遭受损害的风险，但并非仅仅侵权因素就造成受害人损害。也就是说范例5中，服用此药品的怀孕妇女的后代发生先天缺陷，不一定都是因为此药品，此药品只是增加了发生先天缺陷的可能性。这类案件除了药品案件之外，还包括造成特定人群增加疾病发病率的环境污染案件。A3子类型案件和A1子类型案件形成反照。A1子类

---

[1] 范例5"糖尿病药案"：制药公司生产了某种药物用来控制怀孕妇女的糖尿病，在此药推出市场数年后，研究人员发现服用药品的怀孕妇女的后代出生时有先天缺陷的可能性比未服用此药的人高40%。See Israel Gilead, Michael D Green, Bernhard A Koch, *Proportional Liability: Analytical and Comparative Perspectives*, Walter de Gruyter GmbH, Berlin/Boston 13 (2013).

型案件中受害人能确定是某一侵权的受害人，而不能确定"谁是实际造成损害的侵权人"；在 A3 子类型案件中能确定造成他人损害的侵权人，而不能确定"谁是实际被损害的受害者"。

2. 责任形式比较

A3 子类型案件中的侵权比例责任与 A1 子类型和 A2 子类型案件中的侵权比例责任不同，将侵权人对受害人的举证责任强加给受害人，因为不确定受害人是否确实是侵权人侵权行为的受害人，或者不确定受害人是某数人侵权行为的受害人。

在 A3 子类型案例中，侵权比例责任绕过因果关系问题的不确定性，只要受害人能证明其受到的损害与侵权行为有关，就可以起诉。侵权人承担责任时，依据可归因于其行为造成受害人损害的风险比例，也就是说，侵权人承担受害人实际损害的百分比与其造成风险的可能性比例一致。相比而言，在 A1 案件中，侵权比例责任让所有受害者最终获得充分赔偿，而不是要求实际侵权行为人承担全部赔偿责任；在 A3 案件中，如果要求因果关系成立，受害人无法举证证明，将无法获得赔偿，但是按照侵权比例责任，侵权人依据其行为可能造成受害人损害的风险比例承担责任。

A3 子类型案件中，有些国家和地区可能采用"无责任""全部责任"和"公法解决方案"。

（1）侵权比例责任与"无责任"比较。鉴于 A3 子类型案件不能确定受害人是否是侵权行为的受害者，采用"无责任"的理论认为：不能证明受害人是侵权行为的受害人，就不能证明侵权行为与损害之间存在因果关系，只能采用"无责任"形式。

但此类案件如果采用"无责任"的责任形式，既不公正也无效率。一方面，"无责任"默许侵权人致人损害后逃避侵权责任，不用对无辜受害人承担赔偿责任。与 A1 子类型和 A2 子类型案件一样,侵权比例责任强加给侵权人必须为其侵权行为承担赔偿责任,有利于促进公平和有效的威慑。因此,《欧洲侵权法原则》明确地规定 A3 子类型案件,并确认侵权比例责任规则。[1]

与 A1 子类型和 A2 子类型案件不同的是,A3 子类型案件中考虑到对受害人的影响,侵权比例责任的适用也可能会受到质疑。通过一个污染案例来说明:由于工厂的污染,附近的哮喘患者人数从 8000 人增加到 1 万人,但不知道是因为何种原因增加了 2000 名受害人。在侵权比例责任中,工厂按照增加人数在整个受害人数中的比例,对每位哮喘患者承担 1/5 的损害。结果 2000 名实际受害人依此比例只能获得其损害的 1/5 赔偿,而其他 8000 名可能非因此受害的人员也将获得 1/5 的"意外收获"的损害赔偿。

反对 A3 子类型案件中适用侵权比例责任的另一个理由是成本过高。因为受害人人数众多,行政成本可能相当可观。上述案件中,每个受害人受危害程度的相关概率很难确立,需要大量成本进行统计。A3 子类型案件中如果可以实现适用侵权比例责任的话,需要探讨并解决以上讨论的各种因素,但无论如何,侵权比例责任一定比"无责任"更合适。

(2)侵权比例责任与"全部责任"比较。此类案件,如果采用"全部责任"形式,显然是不太理想的选择。无论受害人是否是侵权行为的受害人,只要受害人确实能举证证明侵权行为造成受害人损害的可能性,并达到证明标准,即有理由要求

---

[1] See Spier (fn 24) Art 3: 103 no 12: "In our view it would be unfair to oblige one or more manufactures to pay the entire damage in a case as just mentioned." 意思是,"我们认为,如前所述,要求一个或多个制造商支付全部损失是不公平的"。

侵权人承担"完全责任"。但是"完全责任"不仅存在侵权比例责任的上述缺点，而且还导致不公平、无效率和过分威慑。一是制造危险源的行为人可能只是造成受害人一点点损害，但如果要求其承担全部责任，也许是实际损害的数倍，此举将加重其责任负担。二是过度的责任体现出侵权法不分青红皂白地强加责任、过分威慑，毫无法律效率。但如果有些企业长期大量造成此类侵权，"全部责任"形式可以作为惩罚性措施。

（3）侵权比例责任与"公法解决方案"比较。与侵权比例责任相比，"公法解决方案"确实有很多优势，比如增加企业税收，或对有潜在侵权行为的企业进行罚款，将防止受害人将来遭受损害节省侵权诉讼成本，并避开计算各受害人的损害程度的难题。但是，这需要为 A3 子类型每种案件量身定做专门的行政机制，而且也需要搜集大量的数据，确定侵权人造成额外损害发生的实际证据。

A3 子类型案件中侵权比例责任是否比"无责任""全部责任""公法解决方案"更好，取决于国家法律、程序、行政和立法环境等特点和改进。

（二）A3 子类型各国综合比较[1]

表 2-3　A3 子类型各国综合比较

	无责任	侵权比例责任	其他责任形式	现状
奥地利				学术界支持侵权比例责任

---

[1] Israel Gilead, Michael D. Green, Bernhard A. Koch, *Proportional Liability: Analytical and Comparative Perspectives*, Walter de Gruyter GmbH, Berlin/Boston 34 (2013).

第二章 侵权比例责任类型考

续表

	无责任	侵权比例责任	其他责任形式	现状
捷克斯洛伐克	√			侵权比例责任仅适用于特殊法律规定的例外情况（如污染对森林的损害）
丹麦	√			除非受害人能够证明因果关系，否则侵权人不承担责任
英国	√			除非受害人能够证明因果关系，否则侵权人不承担责任
法国				仍未确定适用哪种责任形式
德国	√			
希腊	√			尤其是环境污染损害，案件只要能够证明存在潜在原因，就可以减轻受害人的举证责任
以色列		√		侵权比例责任根据"经常性偏差"规则正常实施；根据《以色列民法典》，法院可以适用侵权比例责任
意大利				目前仍然没有此类案件
荷兰				目前仍然没有此类案件，学术界支持侵权比例责任
挪威	√			除非受害人能够证明因果关系，否则侵权人（更有可能）不承担责任

续表

	无责任	侵权比例责任	其他责任形式	现状
波兰				目前仍然没有此类案件,除非基于风险承担责任,否则不承担任何责任(举证责任的转移)
南非	√			除非受害人能够证明因果关系,否则侵权人(更有可能)不承担责任
西班牙				仍未确定适用哪种责任形式
瑞士		√		
美国	√			除非受害人能够证明因果关系,否则侵权人(更有可能)不承担责任

根据以上对16个国家的调查,多数国家对此类案件采取无责任形式,如捷克斯洛伐克、丹麦、英国、德国、希腊、挪威、南非、美国,认定除非受害人能够证明因果关系,否则可能适用无责任形式。部分国家采用侵权比例责任,如以色列、瑞士。奥地利学术界支持侵权比例责任。对于此类案件法国、西班牙还未确定采用何种责任形式;意大利目前仍然没有此类案件发生;荷兰目前虽然没有此类案件,但学术界支持侵权比例责任;波兰目前也没有此类案件,采取举证责任的倒置规则,除非基于风险承担责任,否则侵权人不承担任何责任。我国对于环境污染案件、药品案件,要求符合侵权责任构成要件中的因果关系成立,才能分担责任。在环境污染案件中,根据污染物的种

类、排放量等因素确定责任分担。

四、A4 子类型——致害具体原因不确定

在 A1 子类型和 A2 子类型中，可以确定受害人的损害是由一组侵权人中的某个或者多个所实施的侵权行为造成的。在 A3 子类型中，虽然不确定受害人是否是某具体侵权行为的受害人，但可以确定侵权人造成损害，并且某侵权人可能的确造成了受害人的损害。相比较而言，A4 子类型包括多种不确定：一是不确定某个受害人是侵权行为的受害人；二是不确定某个侵权人是否有侵权性的行为，是否实际导致了任何人的损害；三是受害人很可能不是侵权行为的受害人，侵权人也不是侵权行为的行为人。总之，受害人受到损害，受损害过程中有多个因素，不能确定是哪种因素造成损害。这类案件比较复杂，因此，我们将这个子类型的案件作为侵权比例责任中的"疑难案件"。

（一）情况分析

1. 相关案件

范例 6[1]："楼梯摔倒案"，（受害人在租房的楼梯间摔倒，存在多种原因）。受害人在楼梯摔倒，其原因可能包括：一是房东没有更换公寓楼梯上的灯管，照明不足；二是受害人自己笨手笨脚；三是楼梯上有一包被碾碎的西红柿。不能确定是其中

---

[1] 范例 6 "楼梯摔倒案"：侵权人是一位房东，由于过失而没有更换其所有的公寓楼梯上的灯管。而受害人正好在楼梯间摔倒并且受伤了。在本案中，无法确定受害人摔倒是由于没有灯，还是可能因为她自己笨手笨脚或者是楼梯上发现一包被碾碎的西红柿。但可以确定的是其中的一项原因导致其损害。See Israel Gilead, Michael D Green, Bernhard A Koch, *Proportional Liability: Analytical and Comparative Perspectives*, Walter de Gruyter GmbH, Berlin/Boston 14 (2013).

哪一种原因导致受害人损害。

范例7[1]:"脑瘫案",(受害人出生时发生严重脑瘫,存在多种原因)受害人在出生时患有很严重的脑疾,最终患脑瘫,其原因可能包括:一是早产;二是产科医生的不当处理。可以查明的是,产科医生的不当处理导致受害人损害的可能性是20%。

(1) A4子类型案例与前三子类型的区别。在A1子类型中可以确定的是,受害人的损害是由一个或多个侵权人的侵权行为造成;这同样适用于A2子类型案件,其中还规定,每名侵权人都实施了侵权行为,对受害人所属受害人群体成员造成伤害。在A3子类型中,不能确定受害人是否是侵权行为的受害人,但可以确定的是每一侵权人都对受害人造成损害。相比之下,A4子类型表现为:不确定受害人是否因某一侵权行为造成损害,不确定侵权人的行为是否侵权;也不确定侵权人是否实际对他人造成损害。因此,受害人因为多种原因遭受损害,不能确定具体的损害原因,当侵权人的危险行为威胁到某个受害人,就是A4子类型案件;威胁到多名受害人,就是A3子类型案件。鉴于这些特点和大量属于这一子类的案件,侵权比例责任在A4子类型案件中的适用就具有深远的影响,因此我们认定这类案件为侵权比例责任中的"多因一果"的"疑难案件"。

(2) 侵权比例责任的影响。由于A4子类型案件范围很广,

---

[1] 范例7 "脑瘫案":受害人出生时患有很严重的脑疾,但无法确定该损害是早产不可避免的后果,还是侵权人产科医生的不当处理导致的。经查实,侵权人的不当处理导致受害人损害的可能性是20%。See Israel Gilead, Michael D Green, Bernhard A Koch, *Proportional Liability: Analytical and Comparative Perspectives*, Walter de Gruyter GmbH, Berlin/Boston 14 (2013).

可能包括所有不确定单一侵权人是否损害单一受害人的常见案件，这些案件无限制地转向侵权比例责任，会产生广泛的影响。实际上，它会将过去危害的侵权责任，从基于损害因果关系的责任制度转变为更广泛的责任制度，其责任是基于产生危害的风险。

侵权比例责任对目前司法实践的影响主要有两个方面。一是将大幅增加诉讼数量。在传统法律中，那些不能达到证据规则要求的潜在案件，受害人无法提起诉讼，而当他们确实需要获得部分补偿时，侵权比例责任将鼓励他们通过诉讼解决。此时诉讼数量将大幅上升。二是将消耗大量诉讼成本。在传统的"全有或全无"规则下，法院要求受害人必须提供足够的证据证明其受到损害，而在侵权比例责任中，受害人有证据能确定因果概率就足矣。大量的诉讼案件将大量增加诉讼成本。

2. 责任形式比较

（1）侵权比例责任与"全有或全无"责任形式。当不能确定是哪个侵权人实施了侵权行为，实际造成单个受害人的损害，传统的侵权法多采用"完全责任"或"无责任"（即"全有或全无"规则）。这种责任形式的划分，一方面需要确定侵权人实际损害受害人的可能性或确定性，另一方面要求举证方的证明符合证据规则。当举证证明成立的可能性或确定性符合规定的证明标准时，采用全部责任；当不能达到，采用无责任范例7。

侵权比例责任是依据侵权行为造成受害人损害的概率来分配责任。比如范例7，产科医生的不当处理导致受害人损害的可能性是20%，虽然因此发生了脑瘫的医疗事故，但证明的可能性低于所要求的51%以上的证明标准，传统的"全有或全无"

规则认为医院不承担责任，即"无责任"。这种结果一方面导致受害人不能获得赔偿，另一方面导致侵权法的此规定威慑力极低。如果适用侵权比例责任，按照侵权人造成受害人损害的可能性比例承担责任，将弥补受害人因此遭受的损害，又有效地提升威慑力。相反，当损害可能性超过证明标准规则，传统的"全有或全无"规则划分为"全部责任"，此时较侵权比例责任的矫正正义的威慑力更高。

（2）侵权比例责任与公法解决方案。显然，从"全有或全无"规则转变成侵权比例责任是否能提升公正和效率，这个问题没有普遍的答案。侵权比例责任这种转换是否更公平，降低行政成本，加强阻止损害的蔓延，取决于多种因素。这些因素包括冲突行为的性质和特征及其相对社会价值、侵权人和受害人的相对过失程度、造成损害的类型和性质、所需证明标准的因果概率分布、诉讼数量和诉讼成本增加的程度，等等。

在任何一类案件中，适用侵权比例责任都要仔细审查，考虑到所有相关因素。如在成本方面，一方面要考虑诉讼数量和成本的增加程度，以及证据和程序机制的成本效益；另一方面要考虑法院是否有能力应对侵权比例责任所要求的信息。比如，侵权比例责任可能适用于某些医疗事故或工作场所伤害，但对其他情形不适用；适用于产品责任案件，但不适用于道路事故案件。

在考虑不确定因素的情况下，对于这种非常广泛的"多因一果"的"疑难案件"类别采取与背景相关的方法似乎是可取的。鉴于侵权比例责任是针对危害的不确定性，这样有利于促进侵权法目标综合实现。

（二） A4 子类型各国综合比较[1]

表 2-4　A4 子类型各国综合比较

	无责任	侵权比例责任	其他责任形式	官方态度
奥地利		√		当侵权人造成具体而特定的危险，而且其因果关系可能性较大时适用侵权比例责任
捷克斯洛伐克	√			除非受害人能够证明因果关系，否则侵权人不承担责任
丹麦	√			当证据达到证明标准的要求，侵权人承担全部责任
英国	√	√	√	侵权比例责任仅适用科学的因果关系不确定的情况，即相同或相似风险实际发生，而不适用于"间皮瘤案"中。
法国		√		侵权比例责任在"机会丧失"规则中适用
德国	√			可通过减轻受害人的举证责任，确定侵权人的侵权责任

---

[1] Israel Gilead, Michael D. Green, Bernhard A. Koch, *Proportional Liability: Analytical and Comparative Perspectives*, Walter de Gruyter GmbH, Berlin/Boston 38~39 (2013).

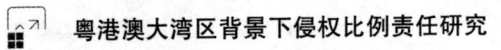

续表

	无责任	侵权比例责任	其他责任形式	官方态度
希腊	√			侵权比例责任在学术界有争议
以色列	√			举证责任倒置
意大利	√			目前仍然没有此类案件
荷兰	√	√		医疗案件中的举证责任往往为有利于受害人而减轻
挪威	√			除非受害人能够证明因果关系，否则侵害人（更有可能）不承担责任
波兰	√			证据标准较低，医疗案件中举证责任转移
南非	√			除非受害人能够证明因果关系，否则侵权人（更有可能）不承担责任
西班牙	√			某些情况下，医疗过失案件中因果关系的证明可以推定
瑞士			√	法官有自由裁量权，可在侵权比例责任和"全有或全无"中选择解决方案。即使侵权可能性低于50%，也可要求侵权人承担责任
美国	√			

根据对以上16个国家的调查，多数国家对此类案件采取无

责任形式，如捷克斯洛伐克、丹麦、德国、希腊、以色列、意大利、挪威、波兰、南非、西班牙、美国。采取侵权比例责任的国家有奥地利、法国。英国在此类案件中，认为侵权比例责任适用于科学的因果关系不确定的情况，即相同或相似风险的实际发生，也可能采用"无责任""侵权比例责任"和"其他责任形式"。瑞士相关法律认为：在侵权比例责任和"全有或全无"中选择解决方案，大幅度依据司法评估。假设可能性低于50%，法院允许侵权人承担侵权责任。我国对于此类案件首先区分主要原因和次要原因，其次根据各种原因的原因力大小，分担一定责任；如果无法查明各个原因之间的原因力，则在侵权人和受害人之间比较过失，最终确定侵权人承担的责任比例。

五、A5 子类型——损害结果不确定

损害结果不确定是指"机会丧失"损害结果不确定，即侵权人的行为导致受害人所受的损害，不是增加了受害人受到损害危险系数，而是受害人免于损害的机会减少，或者赢得收益的机会减少。这类机会丧失的案件属于 A5 子类型。

（一）情况分析

1. 相关案件

范例8[1]："存活机会丧失案"（由于侵权人医生的过失，

---

[1] 范例8"存活机会丧失案"：侵权人医生由于过失未能诊断出受害人的癌症。受害人的病症越来越严重时，求医于另外一位医生，并的确诊断出了癌症。但由于之前阶段的耽误，治疗并不成功，受害人去世了。如果一开始侵权人医生诊断出了癌症，那么受害人可能会有30%的机会获得成功的保命治疗，这恰恰是他失去的。See Israel Gilead, Michael D Green, Bernhard A Koch, *Proportional Liability: Analytical and Comparative Perspectives*, Walter de Gruyter GmbH, Berlin/Boston 14 (2013).

未能诊断出受害人的癌症,受害人丧失获得成功保命治疗的机会)。在此案中,侵权人存在过失,受害人没有被尽早诊断出癌症,因此丧失了获得成功的保命治疗的机会。此类侵权案件中,侵权人的行为减少受害人不受损害的机会。

范例9[1]:"获奖机会丧失案"(侵权人故意妨碍受害人获得骑马比赛奖金的机会)。在此案件中,侵权人故意妨碍,受害人因此丧失获奖机会,受害人所受损害不是直接损害,而是赢得收益的机会。

有时,不确定侵权人是否造成受害人损害,因为这种损害不是增加受害人损害的风险,也不是增加受害人遭受风险的部分原因;相反,它是减少原告不受损害或赢得收益的机会,侵权人因减少受害人可能"获得机会"的独立损害,而承担全额赔偿。"机会丧失"原则通常被认定为,侵权人的疏忽减少了受害人避免在疾病等自然事件过程中遭受伤害的可能性。有学者表示,实际伤害是"主要"伤害,而"失去机会"则是衍生伤害。这两个概念之间的区别在于,"机会丧失"原则是质疑受害人是否应该因"衍生伤害"获得全部赔偿,而侵权比例责任原则质疑受害人是否应该获得"主要伤害"的部分赔偿。

这种因果不确定性所表现出的形式上的差异,如范例8所示。因为侵权人未能诊断出受害人的癌症,增加了受害人20%

---

〔1〕 范例9"获奖机会丧失案":在赛马比赛中,一位骑师故意妨碍另一匹(受害人所骑的)马的进程,最终受害人骑马完成了比赛但没有获得奖金。受害人就侵权人使其失去了获得更好名次和奖金的机会(10%)而提起诉讼。See Israel Gilead, Michael D Green, Bernhard A Koch, *Proportional Liability: Analytical and Comparative Perspectives*, Walter de Gruyter GmbH, Berlin/Boston 15 (2013).

第二章 侵权比例责任类型考

的死亡可能性。假设造成受害人死亡的损害赔偿是 100 万元，在"机会丧失"规则下，受害人"衍生伤害"赔偿是 20 万元，问题在于是否能获得全部赔偿；在"主要伤害"赔偿的侵权比例责任规则下，问题在于受害人是否能够获得"主要伤害"赔偿的 100 万元的部分赔偿（20%）。

可以说，"机会丧失"实际上是侵权比例责任的另一种形式。在现实世界中存在这样的争论，侵权人要么造成受害人的原发性损害，要么不造成受害人的原发性损害，而"机会丧失"的衍生危害，在现实中不存在争论，且一直在发生。一方面，人们确实认为"机会丧失"是一种明显的伤害，各国法院在一些国内法适用中也有所体现。另一方面，这种危害是否可依法审理，由司法机关对此法律政策作出判断。在任何情况下，"机会丧失"原则确实构成侵权比例责任明确的子类型。"机会丧失"原则以衍生损害的概念为基础，仅明显适用于承认这种衍生损害的情况下。而且，当侵权比例责任作为"全有或全无"规则的替换，"机会丧失"规则可以与"全有或全无"规则一起适用，因为从这个角度来看的"全部"责任等于衍生（因此已经减少的主要）损害。所以"机会丧失"构成了一个值得单独考虑的独特的子类型。

2. 分析"机会丧失"与侵权比例责任

一方面，"机会丧失"规则在不确定因果关系的案件责任中以特殊形式，为承担"衍生损害"责任，提供了帮助；另一方面，实行"侵权比例责任的伪装"，大大限制了它的范围。

法院的自由裁量权，决定哪种"主要损害"将转化为机会丧失的"衍生损害"。从概念上讲，原发性损害可转化为不受前者损害而丧失机会的衍生损害。例如范例 6 和范例 7，可以说，受害人遭受了机会丧失的损害，不是单独地在楼梯上受伤也不是单独的脑受伤。然而，正如前所述，在实践中，接受这一规则的国家法律限制它适用于主要伤害的特殊类型：要么是使受害人失去更好的机会（范例9），要么是使受害人失去康复的机会（范例8）。将这种规则局限于"失去的机会"的种种派生损害，可以作为一种有效监测侵权比例责任的手段。

"机会丧失"规则可能通过因果不确定性转化为"机会丧失"衍生损害赔偿，而造成不公平和过度威慑，这种规则也许允许受害人在损害的"菜单"中选择损害和机会丧失两个赔偿。侵权人造成受害人的原发性损伤，但其因果关系的可能性不符合规定的证明标准，受害人可以因衍生损害起诉并因主要损害而获得部分赔偿。当已建立的可能性不符合证据标准时，受害人可以起诉主要损害而获得全部赔偿。例如，假设范例8和范例9，达到证据标准的51%，已确定的可能性是20%，受害人将选择"机会丧失"规则起诉。当已建立的可能性达到90%，受害人将选择传统"全有或全无"的规则为所有损害起诉。显然，当可能性低于证据要求的证明标准，侵权人承担部分赔偿责任；而当可能性超过证据要求的证明标准，侵权人将承担全部赔偿责任，那么他们将为超过他们所造成的伤害承担全部责任。

"机会丧失"规则对侵权比例责任有监督效果，监督是否能达到正义和效率的目标。如果侵权人的侵权损害概率低于所需标准，只支付部会赔偿，当概率超过标准则应支付全部赔偿，他们所承担的总体责任将超过他们造成的损害。可以说，这可能导致不公平的风险分配和过度威慑。

第二章 侵权比例责任类型考

(二) A5 子类型各国综合比较[1]

表 2-5　A5 子类型各国综合比较

	无责任	侵权比例责任	其他责任形式	官方态度
奥地利			√	不适用"机会丧失"原则,除了当双方都存在潜在因果关系才能适用侵权比例责任。"痊愈机会丧失"的损失不会获得赔偿。能确定未来利润的损失将获得全部赔偿
捷克斯洛伐克	√			
丹麦	√			当证据达到证明标准的要求,侵权人承担全部责任
英国	√	√		迄今为止只有在财产利益受损可以赔偿的纯经济损失方面适用侵权比例责任;人身伤害中侵权比例责任被拒绝适用,但可能会在未来被接受。
法国			√	即使"机会丧失"低至10%,受害人获得赔偿,被视为损害赔偿而不是因果关系问题
德国	√			

---

〔1〕 Israel Gilead, Michael D Green, Bernhard A Koch, *Proportional Liability: Analytical and Comparative Perspectives*, Walter de Gruyter GmbH, Berlin/Boston 43~44 (2013).

续表

	无责任	侵权比例责任	其他责任形式	官方态度
希腊	√			根据拟议法，侵权比例责任存在争议
以色列		√		侵权比例责任只有在失去痊愈的机会的案件中适用，很少在失去机会超过50%的情况下适用
意大利		√		在失去生存或恢复的机会，或因为合同或工作失去赢得竞争的机会案件中适用侵权比例责任
荷兰	√	√		根据具体情况而定，取决于失去机会的现实
挪威	√			除非受害人能够证明因果关系，否则侵权人（更有可能）不承担责任
波兰		√		在需要痊愈或改善健康的机会丧失情况下，仅要求独立（无论金钱或精神）赔偿，都可依据法院的裁决分配损害赔偿责任
南非	√	√		只有在失去获得利益的机会（预期收益的挫折）案件中，适用侵权比例责任
西班牙			√	侵权比例责任承认对医生和医院的索赔（治愈或存活的机会丧失）和对律师的索赔（失去程序性机会）

续表

	无责任	侵权比例责任	其他责任形式	官方态度
瑞士			√	瑞士法典拒绝了"机会丧失"规则，但是认可侵权比例责任；鉴于法官的自由裁量权，侵权人承担部分责任
美国		√		只有在概率低于规定的证明标准的医疗事故案件中适用侵权比例责任

根据对以上16个国家的调查，A5子类型采取侵权比例责任的国家比采取无责任形式的国家更多，采取无责任的国家有捷克斯洛伐克、丹麦、德国、希腊、挪威。法国、以色列、意大利、波兰、西班牙、美国在此类案件中都有侵权比例责任规定，如以色列法律规定侵权比例责任只有在失去痊愈的机会案件中适用，很少在失去超过50%机会情况中适用；意大利法律规定机会丧失包括：失去生存或恢复的机会，或因为合同或工作失去赢得竞争的机会；波兰法律规定的机会丧失仅指存活机会；西班牙法律规定机会丧失包括丧失医生治疗病人的存活机会和律师代理胜诉的机会；美国法律规定的机会丧失仅指丧失医疗事故中的存活机会。英国、荷兰和南非在某些案件中采用无责任形式，在某些案件中采用侵权比例责任。迄今为止，英国只有在财产利益受损可以赔偿的纯经济损失方面适用侵权比例责任；荷兰根据具体情况而定，取决于失去机会的实际情况；南非规定只有在失去获得利益的机会（如损失预期收益）时，适用侵权比例责任。在奥地利法律中，除了双方都有潜在的原因

情况之外,"痊愈机会丧失"的损害不会获得赔偿,未来利润(确定)的损失将获得全部赔偿。瑞士法拒绝了机会丧失规则,但是认可侵权比例责任;鉴于法官的自由裁量权,侵权人在"机会丧失"案件中承担部分责任。我国司法实践中认可范例8中"存活机会丧失"的侵权责任,但还是依据医生过错程度的参与度赔偿受害人。但对于范例9中受害人"获奖机会丧失"的情形则要在合同法范畴中讨论,目前侵权责任法没有这方面的明确规定。

第二节 B类:既有损害中不确定的部分

前述A类主要囊括了无法确定侵权行为是否是受害人所受损害的事实原因的案件,而B类则是可以确定侵权行为导致了受害人一些损害,但无法确定哪一部分损害是由侵权行为造成的,哪一部分是由其他原因要素造成的一类案件。在概率方面,侵权人可能致害范围在1%~99%之间。

B类可以区分为两个子类型,一类是根据证据规则,可以确定受害人的全部损害由多个侵权人的侵权行为造成(B1子类型),并非其中某一个侵权行为造成了全部的损害。另一类则是部分损害由非侵权性要素造成,或者由受害人自己的过错造成(B2子类型)。此类型中,虽然没有一个侵权人造成所有损害,但能证明部分损害是由非侵权因素或受害人的过错造成的(B2子类型);或者可以确定全部损害是由数人侵权行为造成的,每个侵权人都实施了侵权行为(B1子类型)。

遵循上述A类分析模式,我们首先描述每一个子类型相关的案件,然后比较这个子类型的侵权比例责任与其他责任形式,研究有关的政策思考和启示及其衍生物的侵权比例责任，最后总结各国在此类型中采取的责任形式，以及我国对此类型的态度。

一、B1 子类型——受害人的全部损害由多数侵权人造成

B1 子类型是受害人因为多个被告各自的侵权行为遭受同一损害，能确定的是侵权人实施了侵权行为，不能确定的是哪部分损害由哪个侵权人所为。

（一）情况分析

1. 相关案件

范例10[1]："多次独立交通事故造成同一处损伤案"（受害人在前后两次独立交通事故中，遭受身体的同一部分损害）。该案中能够确定的是：其一，受害人的身体确实受到损害；其二，该损害是因为这两次交通事故造成的。不能确定的是：同一处损害，前后两个侵权人造成损害的程度。

范例11[2]："三只狗咬伤案"（受害人被三只属于不同主人的狗咬伤）。该案中能够确定的是：受害人被三只狗咬伤；不能确定的是：三只狗咬伤了哪一部分。

以上两个案件共同点在于：受害人遭受损害，由多个侵权

---

[1] 范例10"多次独立交通事故造成同一处损伤案"：在几个月的时间中，受害人遭受两次独立的交通事故，损伤了身体的同一部分。上述事故造成了她的永久性残疾，但是无法确定每位侵权人的过失行为造成的损害程度。See Israel Gilead, Michael D Green, Bernhard A Koch, *Proportional Liability: Analytical and Comparative Perspectives*, Walter de Gruyter GmbH, Berlin/Boston 15 (2013).

[2] 范例11"三只狗咬伤案"：受害人被三只狗攻击、撕咬并被咬伤，这三只狗分别属于不同的主人D1、D2和D3，并且无法确定特定损害部分是由哪一只狗造成的。See Israel Gilead, Michael D Green, Bernhard A Koch, *Proportional Liability: Analytical and Comparative Perspectives*, Walter de Gruyter GmbH, Berlin/Boston 15 (2013).

人的侵权行为造成,但不能确定哪名侵权人造成受害人哪部分损害。各侵权人对全部伤害的贡献范围是 1%~99%。B1 子类型案件中,所有的侵权人都是造成受害人损害的侵权行为人,简而言之,B1 子类型案件是数人独立侵权案件。

2. 侵权比例责任与连带责任

B1 子类型案件是数人独立侵权案件,对于此类案件,传统侵权法通常采用"连带责任",即受害人可以起诉每个侵权人要求赔偿全部损失。一方面,"连带责任"可以保证救济受害人的损害;另一方面,"连带责任"将侵权人赔偿不能和破产的风险转移给其他侵权人。一般认为,受害人的损害由侵权人造成,传统侵权法作为"经验法则",通常会支持适用"连带责任"。

但是当前在这个子类型中,政策天平会更多地向侵权比例责任规则倾斜。一是基于公平正义。B1 子类型案件中,如果其中一个侵权人的损害贡献很小,无论是在过错程度方面,还是事前或事后的风险贡献度方面,让此侵权人承担连带责任,显然不公。侵权比例责任的分担更能体现公平正义。事实上,《欧洲侵权法原则》规定,如果确定多数人侵权中的每个侵权人只造成整体损害的一小部分,则在多数人侵权之间平均分担损害是优先结果。[1]当侵权人承担严格责任时,侵权比例责任也是合理的,也就是说,如损害是由非过失行为造成的,没有人存在过错。确定侵权比例责任的证据是现成的(如范例 11 中所有狗的凶残程度都是相同的)。二是基于诉讼成本,侵权比例责任

---

[1]《欧洲侵权法原则》第 3:105 条规定,"在多个(侵权)行为的情形中,能够确定其中任一行为没有引起全部或可确定部分损害的情况下,则那些(至少)可能引起损害的行为被推定为造成了相同比例的损害"。

比"连带责任"更节省资源。侵权人各自直接承担侵权比例责任，减少了连带责任人追偿本不属于自己承担的责任份额的重复诉讼。

3. 侵权比例责任与无责任

B1 子类型案件中特定侵权人与特定受害人是确定的，也确实造成受害人一些可赔偿的危害，显然"无责任"很难兼顾公正和有效的风险分配和威慑。虽然不能确定侵权人在总损害中应承担的责任份额，但不能否定侵权人对受害人的救济，当然不能免除侵权行为人的责任。

因此，侵权比例责任要求每个侵权人承担其应"分担"的损害，以比较风险为基础分配责任。无法确定责任大小的推定为平均承担，或者多数人侵权的按份责任都是侵权比例责任形式。相比之下，B1 子类型案件中尽可能适用侵权比例责任比较科学。

（二）B1 子类型各国综合比较[1]

表 2-6　B1 子类型各国综合比较

	共同责任（连带责任）	侵权比例责任	其他责任形式	现状
奥地利		√		当所有侵权人因同一行为构成共同侵权责任份额不能确定，将平均分担侵权责任，而不适用侵权比例责任

---

[1] Israel Gilead, Michael D. Green, Bernhard A. Koch, *Proportional Liability: Analytical and Comparative Perspectives*, Walter de Gruyter GmbH, Berlin/Boston 47~48 (2013).

续表

	共同责任（连带责任）	侵权比例责任	其他责任形式	现状
捷克斯洛伐克	√			
丹麦			√	适用于独自的损害引发的责任
英国	√	√		连带责任用于不可分割的损害或共同作用的损害；多人侵权责任中如果无法辨认具体的贡献，平等分担
法国	√			
德国	√			适用于因果关系确定，仅损害不可分割或分割的份额不能确定的情形
希腊	√			
以色列	√	√		侵权比例责任仅适用于连带责任明显不公平的情形
意大利	√			
荷兰	√			
挪威	√			
波兰	√	√		不真正连带责任，但最高法院允许侵权比例责任只在部分案件适用
南非	√			依据公平分配、合理和公正原则，根据可分割的损害分担责任

第二章 侵权比例责任类型考

续表

	共同责任（连带责任）	侵权比例责任	其他责任形式	现状
西班牙	√			
瑞士	√			
美国			√	

根据对以上16个国家的调查，B1子类型案件采用连带责任的国家居多，主要有捷克斯洛伐克、法国、德国、希腊、意大利、荷兰、挪威、南非、西班牙和瑞士。纯粹采取侵权比例责任的国家有奥地利，奥地利法律规定，能分割损害的，侵权人各自承担责任，如果存在不可分割的损害或不能确定责任份额，将在侵权人中平均分配，无论是按份分担责任还是平均分担责任，都是侵权比例责任分担的形式。英国、以色列、波兰在某些案件中采用连带责任，在某些案件中采用侵权比例责任。比如英国规定，连带责任适用于不可分割的损害或共同作用的损害；多人侵权责任中，如果无法辨认具体的侵权行为贡献，平等分担就是侵权比例责任的体现；以色列的侵权比例责任仅适用于连带责任不公平的情形；波兰最高法院允许侵权比例责任在部分案件适用。美国法律采取其他责任形式。对于B1子类型案件，我国和奥地利法律规定极其相似，《中华人民共和国民法典》（以下简称《民法典》）第1172条[1]是按照侵权比例责任原则分担责任：能够确认责任大小的，各自按照自己责任比例承担；不能确认责任大小的，平均承担也是一种侵权比例责任。

---

[1]《民法典》第1172条规定：二人以上分别实施侵权行为造成同一损害，能够确定责任大小的，各自承担相应的责任；难以确定责任大小的，平均承担责任。

二、B2 子类型——受害人的部分损害由其他因素造成

在 B2 子类型案件中，根据证据规则可以确定受害人的部分损害是由一个或者数个侵权人造成的，而其他损害则是由非侵权性因素或者受害人的自己过失造成的，但无法确定哪些部分是哪个因素造成的。

（一）情况分析

1. 相关案例

范例 10A[1]（这是范例 10 的一种变式）：前后两起交通事故都造成受害人同一处损害，同时受害人自己也存在过错。范例 10B（这是范例 10 的另一种变式）：前后两起交通事故都造成受害人同一处损害，但是这两起事故都不是由于肇事人的疏忽行为，而是由第三方原因造成的。

范例 11A[2]（这是范例 11 的一种变式）：三只狗分别咬伤受害人，其中一只狗是没有主人的流浪狗。

范例 12[3]："肿瘤变大案"（受害人的肿瘤变大，是医生误诊和受害人自身原因共同影响）。侵权人的因素是误诊，受害人

---

[1] See Israel Gilead, Michael D. Green, Bernhard A. Koch, *Proportional Liability: Analytical and Comparative Perspectives*, Walter de Gruyter GmbH, Berlin/Boston 16 (2013).

[2] See Israel Gilead, Michael D. Green, Bernhard A. Koch, *Proportional Liability: Analytical and Comparative Perspectives*, Walter de Gruyter GmbH, Berlin/Boston 16 (2013).

[3] 范例 12 "肿瘤变大案"：侵权医生在诊断受害人的癌症时，由于其误诊导致受害人的肿瘤变大而增大其损害。但受害人无法确定和证明：是因为侵权人的过错导致肿瘤变大，还是受害人自身原因导致肿瘤变大。See Israel Gilead, Michael D. Green, Bernhard A. Koch, *Proportional Liability: Analytical and Comparative Perspectives*, Walter de Gruyter GmbH, Berlin/Boston 16 (2013).

的因素是自身体质。

B2 子类型案件能够确定的是受害人遭受损害，一方面是因为侵权人的行为，另一方面是因为其他因素，其他因素包括受害人自己的过错和第三人过错等。

B2 子类型案件与 B1 子类型案件主要有两方面不同（参见范例 10A、10B、11A 和 12）。其一，受害人的部分损害由非侵权因素（多种因素）造成或者受害人自己过错造成。其二，就侵权造成的部分而言，在 B2 子类型案件中，这部分往往不是由 B1 子类型案件中的全部侵权人造成，而是由个别侵权人造成。

2. 侵权比例责任与其他责任比较

B2 子类型案件中有些国家和地区适用共同侵权责任，即多数侵权人承担连带责任。在范例 10B 中，因无法区分三只狗的责任，另外两只狗的主人对第三只狗（即流浪狗）造成的损害承担连带责任；在范例 12 中侵权人医生对与诊断肿瘤无关的损害承担责任。有些国家和地区基于受害人不能证明其遭受损害原因，法院认定侵权人"无责任"，此举显然不公平且无效率。

如果 B2 子类型案件采用全部责任，即侵权人对受害人的全部损害承担责任，包括承担不是侵权人造成的那部分损害的责任，这显然也不公平。假如侵权人承担的损害责任不是由它们引起的，可能会导致即使法院判决侵权人承担全部责任，侵权人也不执行。这样对侵权人造成过度威慑，对侵权人责任分配不公平，同时降低了受害人获得实际赔偿的效率。

确定一个侵权人和多种非侵权因素引起损失的比例关系，尤为重要。如在范例 10A 中，确定受害人自己过错的比例，以此减轻侵权人应承担的责任比例；在范例 10B 中，确定第三人的责任，使侵权人与第三人明确各自的侵权比例责任；在范例

11A 中，确定三只狗造成受害人的身体伤害的比例，两位狗主人按比例实施赔偿似乎更合理；范例 12 中，因受害人自身原因，减免侵权医生相应的侵权比例责任。特别是范例 11A，如果受害人遭受了三只狗的袭击，仅有一只狗主人承担全部责任，显然不恰当。此处，侵权人也不应该对受害人的过错造成的损害负责。

（二）B2 子类型各国综合比较[1]

表 2-7　B2 子类型各国综合比较

	共同责任（连带责任）	侵权比例责任	其他责任形式	现状
奥地利			√	如果受害人与侵权人原因相比，受害人自己有过错，即过失相抵，可减免侵权人的比例责任
捷克斯洛伐克	√			如果侵权人能证明部分损害不是其造成的，对该部分不负任何责任（其余负连带责任）
丹麦	√		√	在范例 10A、10B、11A 中适用连带责任（因为受害人的因素而减轻侵权人责任）；范例 12 中，除非受害人会死于癌症，否则侵权人将负全责

---

[1] Israel Gilead, Michael D. Green, Bernhard A. Koch, *Proportional Liability: Analytical and Comparative Perspectives*, Walter de Gruyter GmbH, Berlin/Boston 49~50 (2013).

第二章 侵权比例责任类型考

续表

	共同责任 （连带责任）	侵权比例 责任	其他责任 形式	现状
英国	√	√		连带责任用于不可分割的损害或共同作用的损害；多人侵权责任中如果具体的贡献无法辨认，平等分担
法国	√	√		侵权比例责任（机会丧失规则）适用于范例12，连带责任适用于范例11A
德国	√			侵权人对所有损害的连带责任因受害人的过失相抵减少，不因受害人范围内的非侵权因素减少
希腊	√	√	√	范例11A适用连带责任；范例12适用无责任；范例10A、10B适用侵权比例责任
以色列	√	√		侵权比例责任仅适用于连带责任导致不公平的结果时
意大利		√		建议合理减少损害赔偿额
荷兰	√			侵权人对所有损害的连带责任因受害人的过失相抵减少
挪威	√			
波兰	√			
南非	√			侵权人单独或共同导致受害人损失的情况

续表

	共同责任（连带责任）	侵权比例责任	其他责任形式	现状
西班牙	√	√		侵权人对所有损害的连带责任因受害人的过失相抵减少（范例10A、11A），因不负责任行为而减少部分责任（范例10B）；侵权比例责任（机会丧失规则）适用于范例12
瑞士			√	侵权人依据法官的自由裁量权分担责任，并扣减受害人的贡献部分
美国			√	多人侵权责任基于比较过错分担责任，或采用无责任形式

根据对以上16个国家的调查，B2子类型承担责任的形式多样。采取连带责任的国家有捷克斯洛伐克、德国、荷兰、挪威、波兰和南非。英国、法国、以色列、西班牙在某些案件中采用连带责任，在某些案件中采用侵权比例责任。如英国，连带责任适用于不可分割的损害或共同作用的损害；如果是具体的贡献无法辨认的多人侵权案件，则按照侵权比例责任平等分担。法国的侵权比例责任（机会丧失规则）适用于范例12案件中，连带责任适用于范例11A案件中。以色列法律规定，侵权比例责任仅适用于不能采用连带责任的情况。西班牙优先适用侵权比例责任，如侵权人与受害人之间过失相抵的侵权比例责任；侵权比例责任主要适用于范例12案件，其次才选择连带责任。

第二章 侵权比例责任类型考

仅采取侵权比例责任的国家有奥地利、意大利。奥地利法律适用受害人与侵权人过失相抵，减免侵权人的侵权比例责任，意大利法律同样规定合理减少侵权人的损害赔偿额。瑞士和美国采取其他责任形式。丹麦在范例10A、10B和11A案件中适用连带责任（因为受害人的因素而减轻侵权人责任）；在范例12案件中，除非病人会死于癌症，否则医生将负全责。希腊对三种责任形式都有考虑，在范例11A案件中采用连带责任，范例10A、10B案件中采用侵权比例责任，范例12案件中采用无责任。B2子类型案件在我国法律适用上，也比较复杂：其一，受害人有过错的，实行过错相抵，以受害人过错部分减免侵权人的责任[1]，如范例10A、范例12。其二，因第三人原因共同侵害受害人的，侵权人与第三人分担责任[2]，如范例10B。这两种可以认为适用的是侵权比例责任。其三，多个侵权人造成损害的，不能确定各自份额的一般采取连带责任[3]，如范例11A。

第三节 C类：不确定的未来损害

C类是不确定侵权人过去的侵权行为是否会引起受害人未来损害的一类案件。此类则分为两个子类型，一类是不能确定侵权人的侵权行为是否造成受害人未来损害（C1子类型）；另一类是

---

[1]《民法典》第1173条规定：被侵权人对同一损害的发生或者扩大有过错的，可以减轻侵权人的责任。

[2]《民法典》第1175条规定：损害是因第三人造成的，第三人应当承担侵权责任。

[3]《民法典》第1170条规定：二人以上实施危及他人人身、财产安全的行为，其中一人或者数人的行为造成他人损害，能够确定具体侵权人的，由侵权人承担责任；不能确定具体侵权人的，行为人承担连带责任。

根据证据规则的要求,可以确定侵权人的侵权行为在过去造成受害人损害或造成未来损害,但不能确定这一损害未来会发展到的何种程度或者其严重性(C2 子类型)。这类损害主要指:尚未转变为现实的未来损害的风险可能引起"衍生损害",例如减轻或者消除危险的费用("预防成本");或者对于未知危险的恐惧和焦虑的"精神损害"。这些损害是否可以获得赔偿和是否应当获得赔偿值得探讨。

A 类和 B 类处理的是已经发生的损害,不能确定损害是否是侵权人造成(A 类),哪部分损害是由侵权人造成(B 类)。相比之下,C 类案件是侵权人已发生的侵权行为,对受害人未来损害的因果关系不确定性。

一、C1 子类型——未来损害完全不确定

在 C1 子类型案件中,受害人按照证据证明标准确定侵权人的侵权行为是造成受害人未来损害的事前危险。这种风险的可能性会形成 1%~99% 的伤害范围(参见范例 12)。

(一)情况分析

1. 相关案例

范例 13[1]:"职业性接触有毒物质案"(受害人因侵权人雇主过失而职业性地接触一种已知的有毒物质,不确定将来患病的可能性)。侵权人雇主存在过错,受害人因职业原因接触有毒

---

[1] 范例 13 "职业性接触有毒物质案":受害人由于侵权人雇主的过失而职业性地接触一种已知的有毒物质。在提起诉讼时,尽管尚未受到身体伤害,但是有 90% 的可能性在将来患病。Israel Gilead, Michael D. Green, Bernhard A. Koch, *Proportional Liability: Analytical and Comparative Perspectives*, Walter de Gruyter GmbH, Berlin/Boston 17 (2013).

物质，将来患病的可能性不确定。

2. 基础问题——为什么不等到损害发生

反对 C1 子类型案件责任的论点主要在于：就算有危险，受害人应该等到危险造成伤害，再索赔。不确定未来损害的责任是过早的，涉及不必要的行政费用，对损害及其数量的评估更不准确。而且，这种损害未来也许不发生，侵权人也许为没有造成的损害承担了责任。

侵权比例责任理论认为，不能等到损害发生主要有三个原因。其一，法律时效，诉讼时效可能阻止受害人提起诉讼。其二，当损害发生时，侵权人也许不在了（也许已经死亡或者资不抵债，企业侵权人可能清算和解散等），受害人需要及时诉讼，尽快获得赔偿。其三，不利于证据的收集与保存，受害人在受到损害后的可能难以提出索赔。此外，C1 子类型案件中，与其他案件不同，未来损害的危险是未知的，受害人知道损害未来可能发生，此时有收集和保存证据的优势。也有人提出可能的解决方案，即宣告式判决：如果损害物质化，将保障未来的赔偿权利。总之，对现在承担未来损害的责任，不是一个强有力的理由。

3. 侵权比例责任与"全有或全无"责任比较

在 C1 子类型案件中，因此目前主要采用"全有或全无"责任：在既定的侵权概率达到规定的证明标准情况下（如范例 13 中能证明 90% 的可能性）要求侵权人承担全部赔偿责任；当达不到规定的证明标准情况下（如范例 13 中能证明 20% 的可能性）侵权人不承担责任。

考虑到这些现有方案，C1 子类型案件是否适用侵权比例责任比适用"全有或全无"责任更好，应根据每个案件具体情况，依据特殊情况与政策考虑。

目前，人们担心受害人过早地提出索赔，认为可以采取"公法解决方案"——设立基金，或者为风险的创造者提供资金，当他们确实造成侵权时，可以通过基金或保险来满足未来的索赔。

（二）C1子类型各国综合比较[1]

表2-8 C1子类型各国综合比较

	全有或全无责任	侵权比例责任	其他责任形式	现状
奥地利	√			只是受害人对未来损害的恐惧，侵权人无责任
捷克斯洛伐克	√			如果未来损害的发生不确定，侵权人无责任
丹麦	√			
英国			√	在没有过去损害的情况下，侵权人对未来损害不承担责任
法国		√		"机会丧失"规则中适用未来损害责任赔偿
德国	√			在没有过去损害的情况下侵权人对未来损害不承担责任，甚至不采取预防措施

---

[1] Israel Gilead, Michael D. Green, Bernhard A. Koch, *Proportional Liability: Analytical and Comparative Perspectives*, Walter de Gruyter GmbH, Berlin/Boston 52~53 (2013).

第二章 侵权比例责任类型考

续表

	全有或全无责任	侵权比例责任	其他责任形式	现状
希腊	√			纯粹的恐惧通常不赔偿,仅获风险补偿损失,关于环境的危害目前没有定论是否获赔
以色列	√			侵权比例责任的问题一直在开放性探讨
意大利	√	√		吸烟者被促销信息欺骗或未参加竞赛的员工(机会丧失)等情形确认适用侵权比例责任
荷兰	√			对未来损害的评估可能不是预期的,也可能是延迟的;对未来损害的恐惧也被认定为可赔偿的损害
挪威	√			只是危险即无责任
波兰	√			只是对未来损害的恐惧,无责任(除非引发现在的损害)
南非	√			在没有过去损害的情况下,侵权人对未来损害不承担责任
西班牙	√			只有未来损害可合理预见才能获补偿,仅是假想的伤害不能获得赔偿(不包括"机会丧失"的情况适用侵权比例责任)

续表

	全有或全无责任	侵权比例责任	其他责任形式	现状
瑞士			√	社会保障提供补偿。改革允许侵权比例责任的适用
美国	√			

根据对以上16个国家的调查，C1子类型案件中多数国家采用"全有或全无"的责任承担形式，如奥地利、捷克斯洛伐克、丹麦、德国、希腊、以色列、荷兰、挪威、波兰、南非、西班牙和美国。法国只在"机会丧失"规则下采取侵权比例责任形式，适用未来损害。意大利一般采用"全有或全无"责任形式，但在吸烟者被促销信息欺骗或未参加竞赛的员工（机会丧失）等情况下，确认适用侵权比例责任。英国、瑞士采取其他责任方式，英国认为在没有造成过去损害的情况下，侵权人对未来损失不承担责任；瑞士一般通过社会保障金来赔偿受害人，以后改革可能允许适用侵权比例责任。目前我国侵权责任法认定的损害是已产生的损害，对于不确定是否会发生的未来损害，我国通常采取"全有或全无"责任方式，受害人不能举证证明的，就是"无责任"。

二、C2子类型——未来损害的程度不确定

C2子类型包括受害人按照证据证明标准确定侵权人的侵权行为已经造成受害人损害，但在未来，这种伤害可能会发展到何种程度，仍不确定。

与C1子类型案件不同，C2子类型案件中侵权行为已经造

成受害人损害，受害人目前可行使侵权索赔，起诉侵权人。而且，实际已经起诉未来损害的不确定程度，受既判力或法律规则的局限性影响，将阻止索赔未来损害。

（一）情况分析

1. 相关案例

范例14[1]："骨折恶化案"（侵权人的过失导致受害人遭受严重骨折，不确定将来是否恶化）。侵权人存在过错，受害人未来病情的恶化不确定。

对于C2子类型案件，未来不确定的损害承担有两种方式：一是按照侵权比例责任，针对目前存在的损害侵权人应当承担一定比例的损害赔偿金，受害人保留未来的诉权，如果将来因同一侵权行为造成新的损害，侵权人应继续承担一定比例的损害赔偿金。二是按照"全有或全无"承担责任：如果预判未来损害可能性完全符合证据标准的要求，侵权人承担"全有"责任；如果预判未来损害可能性较低，侵权人对将来的损害不承担责任，即"全无"责任。

2. 责任比较

在这种情况下，侵权比例责任在公正和有效的风险分配和威慑方面显然有其优势。根据对过去损害的A4子类型案件的分析，如果未来损害的概率低于要求的标准，而很多案件被起诉，则根据"全有或全无"而判定不承担责任，将导致风险分配不公平、法律威慑力不足。如果被起诉的大多数未来损害的可能性超过了要求的标准，则相反。在C2案件中，如果只考虑概

―――――――――

[1] Israel Gilead, Michael D. Green, Bernhard A. Koch, *Proportional Liability: Analytical and Comparative Perspectives*, Walter de Gruyter GmbH, Berlin/Boston 17 (2013).

率,侵权比例责任是最可行的责任形式。然而,这一结论应考虑,是否有证据可以准确评估概率。

显然,C2子类型案件适用侵权比例责任最有优势。应该注意到,C2子类型案件中的侵权比例责任一般被认为不是一个因果关系规则,而是一个损失评估规则、一个补救法规则。

事实上,补救法提供了一种C2子类型案件可以替代的办法,如"分期付款",根据损害程度随时间的变化进行调整。[1]然而,这种解决方案的缺点是多次持续性诉讼的成本和负担较高,以及缺乏终结性的判决。

(二)C2子类型各国综合比较[2]

表2-9 C2子类型各国综合比较

	全有或全无责任	侵权比例责任	其他责任形式	现状
奥地利			√	针对现在的损害根据可预见的负面发展的情况下,预判未来康复需要的费用
捷克斯洛伐克	√			因果关系不确定,认定无责任
丹麦	√			
英国		√	√	在"临时损害"项下,损害可以量化时,如果规定的损

---

[1]《欧洲侵权法原则》第10:102条规定:损害赔偿,应当根据受害人的利益,适当选择一次支付总额或定期支付。

[2] Israel Gilead, Michael D. Green, Bernhard A. Koch, *Proportional Liability: Analytical and Comparative Perspectives*, Walter de Gruyter GmbH, Berlin/Boston 55~56 (2013).

第二章 侵权比例责任类型考

续表

	全有或全无责任	侵权比例责任	其他责任形式	现状
				害发生在未来,可给予受害人全额赔偿。
法国		√		适用"机会丧失",在人身伤害案件也可适用人身损害赔偿
德国			√	预期的未来发展列入评估危害程度的范围内
希腊	√			通常赔偿现有损害和可预见的损害,仅仅是假设的损害不赔偿
以色列		√		
意大利			√	赔偿预期的未来发展列入评估危害程度的范围内的损害
荷兰			√	赔偿预期的未来发展列入评估危害程度的范围内的损害
挪威	√			除非受害人证明未来损害很可能发生,否则侵权人不承担责任。
波兰			√	针对现在的损害,根据可预见的负面发展情况,预判未来康复需要的费用
南非		√		如果证明了概率的平衡,受害人的未来损害将获得补偿的机会

· 117 ·

续表

	全有或全无责任	侵权比例责任	其他责任形式	现状
西班牙	√			只要未来的损害是合理的就可获得赔偿，而仅仅是假想的损害不能获赔（除非机会丧失原则可适用侵权比例责任）
瑞士			√	法官可行使司法自由裁量权。正在改革允许针对未来损害获得赔偿
美国		√		法院认可未来损害较大的案件可以获赔；在未来损害不大的情况下是否可以获赔，法院尚未确定

根据对以上 16 个国家的调查，C2 子类型案件采用"全有或全无"责任的国家有捷克斯洛伐克、丹麦、希腊、挪威、西班牙；仅采用侵权比例责任的国家有法国、以色列、南非和美国。法国采用"机会丧失"规则适用侵权比例责任，也可以适用于人身伤害案件；南非法律规定，如果受害人证明了因果关系，未来损害将获得补偿；美国一些法院对于未来损害可能性很大的情况下，适用侵权比例责任，但在未来损害不大的情况是否可以获赔仍未确定。采用其他责任形式的国家有奥地利、德国、意大利、荷兰、波兰和瑞士。只有英国在侵权比例责任和其他责任形式之间选择，只有在"临时损害"项下，损害可以量化时，如果规定的损害发生在未来，可给予受害人全额赔偿。此类案件在我国，需要先判断损害发生的事件，对于已经

造成的损害要求侵权人承担全部责任；但对于未来损害程度的不确定，一般可以保留受害人的后期诉权。

第四节　D类：复合不确定型

需要明确指出的是，在前文的类型化中，我们并未穷尽所有可能的侵权比例责任适用情形，显然，有些情形具有一个以上的类型或者子类型的特征，因此不能单独地归入上述任何一个类型。

一、复合型不确定情形的存在

例如，一些情形中存在多重不确定性，不仅难以确定一组侵权人造成的损害实际是由哪个侵权人造成的（A1子类型），而且难以确定损害是否确实是由侵权人造成的，并且也不是由受害人的过错或者侵权性因素造成的（A4子类型）。比如高空玻璃坠落案件，首先难以确定是否是侵权人造成的（A1子类型），其次难以确定是否是其他侵权性因素造成的（B2子类型），最后就算是人为的，也难以确定众多住户中是哪个侵权人造成的（A4子类型）。

另一个例子是，一些情形中不仅无法确定侵权人的侵权行为是否是造成损害的必要原因（A类），也无法确定是否是侵权人的侵权行为造成了损害，哪一部分的损害是由侵权人造成的（B类）。比如在一起交通事故中，受害人横穿马路，导致第一辆车将其撞倒，第二辆车将其碾压。随后受害人被送到医院抢救，医生过失导致其截肢。首先，不能确定受害人自己的行为是否是其损害的必要原因（B2子类型）；其次，两辆车先后造成受害人损害的严重程度大小不能确定（B1 子类型）；最后，受害人在医院接受治疗，不能确定医生过失行为对其造成的伤害程度（A5 子类型）。

很多案件不只是包含一种类型或一种子类型的特征，不适合归类于上述任何单一类型。因此，很难穷尽每一种复合情形，只能是对有代表性的情形进行讨论。

二、如何处理复合型不明因果关系的案件

鉴于其复杂性，复合型案件需要特殊处理。一般通过三个步骤来处理这些案件。第一步是分解复合型案件的各种因不确定性，一一对照单一的因果关系不确定的类型。对于各种不确定性，参考相关的侵权比例责任解决方式。第二步是比较分析各种不确定性的侵权比例责任利弊。第三步是考虑到所有的不确定性，整合侵权比例责任的适用，平衡取舍。

如上述案例，受害人横穿马路，导致第一辆车将其撞倒，第二辆车将其碾压。随后受害人被送到医院抢救，医生过失导致其截肢。首先，要分析受害人横穿马路是否符合交通规则，如果受害人是绿灯亮时在斑马线上通过马路，受害人自己的过错就不是其损害的必要原因。否则，受害人要对其行为负次要责任。其次，根据受害人受伤程度，区分第一辆车和第二辆车致害的原因力大小，根据原因力大小确定侵权比例责任。

然而，鉴于复合型案件的复杂性和多样性，不应对复合型案件采取任何硬性分类的办法，最终的目的是依据侵权法的目标的实现，确认复合型案件是否适用侵权比例责任。

第五节 类型化后的思考

以上各节将侵权比例责任分为 A、B、C、D 四个主要类型，A 类是因果关系不确定的既有损害，包括五个子类型：A1 子类型"具体侵权人不确定"、A2 子类型"侵权人与受害人之间因果关系不确定"、A3 子类型"受害人的受害可能性不确定"、A4 子类型"致害具体原因不确定"和 A5 子类型"损害结果不确定"。B 类是既有损害中不确定的部分，包括两个子类型：B1 子类型"受害人的全部损害由多数侵权人造成"和 B2 子类型"受害人的部分损害由其他因素造成"。A 类和 B 类的区别在于，A 类是处理根本不能确定侵权人的行为是否是受害人受到既有损害的原因，而 B 类处理的是需要建立一种证据标准来确定侵权人造成了受害人损害，但不能确定哪一部分损害是侵权人造成的情况。C 类则包括那些不确定的未来损害，包括 C1 子类型"未来损害完全不确定"和 C2 子类型"未来损害的程度不确定"，如不能确定侵权人的侵权行为是否是造成受害人未来损害，也不确定未来损害的程度是否扩大。以上各种类型的合并均归入 D 类复合不确定型。

每小节首先对各个类型进行描述。其次，结合相关典型案件从适用侵权比例责任与其他责任的效果进行对比，总结分析侵权比例责任在此类案件中适用的利弊。再次，调查此类案件在 16 个国家适用责任形式。最后，总结各国适用侵权比例责任的理由，并说明我国侵权责任法对此类型案件的解决路径。通过考察各种侵权比例责任类型后，有以下问题需要进一步思考：

一、决定适用侵权比例责任的步骤

以上各个类型中,是否适用侵权比例责任应本着侵权法目标出发,更好地平衡各方当事人的利益,参照以下四个步骤决定。

第一步,审查每种类型的案件,各国现有的责任形式及存在理由。如在 B1 子类型"受害人的全部损害由多数侵权人造成"案件中,目前各国主要的责任形式是连带责任形式。

第二步,对比侵权比例责任与其他责任形式实际效果。同一种案件类型,采用"无责任""全部责任""侵权比例责任"、其他责任形式,以及"公法解决方案",哪种方式更有利于解决案件?如上举例,B1 子类型"受害人的全部损害由多数侵权人造成"情形中,连带责任方便受害人向任何一个侵权人要求赔偿,但不利的是某些侵权人赔偿之后,需要通过行使分摊请求权或追偿请求权才能要求其他侵权人分担责任。实际上增加诉讼成本、浪费社会资源。而侵权比例责任分两种:一是能够确定责任大小的,各自承担相应的责任;二是难以确定责任大小的,平均承担赔偿责任。最终根据实现法制目标来选择更优方案。

第三步,评估这些事实效果的规范含义,并加以比较,以确定哪种最符合侵权法目标的法律结果。B1 子类型"受害人的全部损害由多数侵权人造成"情形中,显然侵权比例责任更能实现侵权法目标。

第四步,设计适用侵权比例责任规则,以期最适合实现优先的法律结果,有待更加深入的研究。

二、适用侵权比例责任应考虑的因素

侵权比例责任与相关责任形式比较的实际效果，应从以下几个因素进行评估与判断：

1. 行为选择

侵权比例责任是否改变潜在的侵权人对其行为的选择。比如，潜在侵权人是否在风险创造活动中会更加谨慎，是否减少他们的可能侵权行为的活动量。侵权比例责任如何通过责任保险和罚金等社会公法解决办法，减少损害和避免损害的扩大。

2. 诉讼数量

诉讼数量在不同国家对司法实践的影响不一，也决定侵权比例责任适用的可能性。各国需要估计侵权诉讼的数量是否会因侵权比例责任的适用而增加或减少，这种影响会有多大，以及侵权比例责任会如何影响和解的动机。

3. 诉讼成本

诉讼数量影响着诉讼成本，很多国家在适用侵权比例责任时，对诉讼成本的调查也不容忽视。一方面，出于证据和程序方面的原因，需要以一定的精确度提出和建立因果关系的概率，将增加诉讼和裁决的费用；另一方面是否可以通过集体诉讼和代表诉讼等程序和证据规则来控制诉讼数量增加诉讼成本。

4. 证据收集

主要是法院获得准确的证据，作出比例划分的信息有一定的难度。法院必须能够以合理的准确度确定必要的概率，而不是仅仅投机，采取侵权比例责任应付不确定因果关系的问题。因为在某些特殊情况下，准确性可能是至关重要的。A5 子类型案件尤其如此。比如，假设受害人有 99% 的机会痊愈，侵权人的过错行为将受害人痊愈的可能性降低到 98% 或 96%。如果降低到 98%,受害人将有权获得其全部损害的 50% 赔偿(即 2% 的不能痊愈机会中有 1% 是因侵权人的过错);如果降低到 96%,受害人将有权获得其全部损害的 75% 的赔偿,因为此时受害人 4% 的不能痊愈机会中有 3% 是因侵权人的过错。2 个百分点的变化导致赔偿大幅度变化。

5. 概率分布

因果概率的分布对侵权比例责任的划分十分重要。对于特定类型的案件,侵权比例责任的影响可能取决于所需证明标准周围因果概率的分布。分配的主要部分是否高于或低于所需的证明标准,以及这些概率的变化,都可能决定转向侵权比例责任的可取性。

6. 过错程度

比较过错是侵权比例责任分担的依据之一。比较侵权人过错程度、受害人过错程度和第三人的过错程度,都是在规范性评估侵权比例责任之前必须确定的事实,也是分担侵权比例责任的一个核心标准。

7. 不确定性

各国侵权法适用背景不同,如理论基础、司法观念和立法意图,存在很多不确定性。由于适用侵权比例责任的不确定性及其范围可能对侵权比例责任实现其目标的能力产生不利影响,因此也应考虑这种不确定性的程度及其影响。

一旦确定了某一类案件中侵权比例责任的事实效果,则应规范地评估这些效果,以决定在信息困难的情况下,如果可以适用侵权比例责任,它是否比其替代方案更好。在对行为自由和免受伤害自由之间的权利平衡的无休止追求中,首要的规范性考虑是促进正义。司法考虑将支持侵权比例责任，即它将伤害负担从无辜转移到错误，并以公平的方式分配风险和伤害以及损害负担。

本章小结

虽然有些国家和地区已经有侵权比例责任及相关概念，但为了统一表述和一致理解，已有学者将"侵权比例责任"进行了分类。本章每节首先对各个类型进行描述。此次分类是以"损害"为标准，共分为四类："因果关系不确定的既有损害""既有损害中不确定的部分""不确定的未来损害"和复合不确定型。每个类型又分为若干子类型。为了方便理解各个子类型，配备了典型案例，为各国在此类型中适用侵权责任形式提供了参照，并将适用侵权比例责任与适用无责任、连带责任、公共政策方式等作比较。

同时，针对每一子类型，对16个国家适用侵权责任形式进行了调查，详细了解不同案件在各国侵权法体系内的责任形式选择，并简单说明我国侵权责任法制度对各类型的现有解决路径。最后，结合侵权比例责任的分类，进行以下思考：从四步骤考虑，决定是否适用侵权比例责任的；从七个因素评估与判断适用侵权比例责任的可行性。

第三章
借鉴侵权比例责任的必要性及运用侵权比例责任的理论支撑

随着当代司法实践对科学性、精准性的要求越来越高,侵权比例责任对深入理解我国侵权责任法的归责原则、优化侵权责任的分担形态,有着特殊的作用。在我国侵权责任法体系中理解侵权比例责任将更能发现它的意义,这一点还未在学术界形成充分的自觉。因此将侵权比例责任切实、有效地引入我国侵权责任法体系与司法实践相当必要。

第一节 侵权比例责任与我国侵权责任法研究的深化

一、我国侵权责任法现有归责原则及其主要缺陷

侵权责任法的"归责"是判断行为人造成他人损害的事实发生以后,应采取何种依据承担侵权责任。此种依据既体现了侵权责任法的价值判断,又体现了承担责任的标准。我国侵权责任法的归责是指据以确定侵权民事责任由行为人承担的理由、标准,贯穿于整个侵权责任法,是侵权责任承担的最终决定性

第三章 借鉴侵权比例责任的必要性及运用侵权比例责任的理论支撑

的根本要素,是司法机关处理侵权纠纷应遵循的基本准则。归责原则是侵权责任法的核心,其决定着侵权行为的分类、侵权责任的构成要件、举证责任的负担、免责事由等重要内容,引入侵权比例责任应首先从侵权责任的归责原则开始分析。

（一）现有归责原则

我国目前侵权责任法的归责原则有过错责任原则、过错推定原则、严格责任原则和公平责任原则四种。其中,过错责任原则是一般归责原则,过错推定责任原则和严格责任原则是特殊归责原则,公平责任原则是辅助性归责原则。

1. 过错责任原则

过错责任（又称过失责任）原则以过错作为确定责任和责任范围的基础,行为人只有在主观方面有过错的情况下,才可能承担民事责任。

侵权法上最早实行结果责任原则,结果责任原则是由《十二铜表法》确立的,后过渡到过错责任原则,过错责任原则由罗马法中的《阿奎利亚法》第一次确立。《德国民法典》制定之前,通行于德国大部分地区的有关侵权行为的普通法,同样以《阿奎利亚法》为基础,并坚持过错责任原则。[1]在普通法中,对过错的规定也非常重要。在美国,过失责任原则是侵权行为法的一般原则。近几十年来美国采取了"比较过失"（comparative negligence）理论代替原有的"共同过失"（contributory negligence）理论。我国侵权责任法中,过错责任原则在整个侵权责任法中具有基础性的作用,是主要的归责原则,具体体现

---

〔1〕 参见王军:《侵权法上严格责任的原理和实践》,法律出版社 2006 版,第 41 页。

在：除非法律有明确规定，否则都应当适用过错责任原则。即只要行为人具有过错，就应当承担侵权责任。由此可见，各国侵权法一直以过错责任原则为基本原则。

首先，过错责任原则以过错为归责的基础，体现"无过错即无责任"（no liability without fault）的精神。其次，以过错为责任的构成要件。确定行为人的侵权责任，考察行为人主观上存在过错。最后，以过错作为确定责任范围的依据。需要考虑行为人的过错因素确立责任范围的，一般过错越大责任越重；过错越小责任越轻。

2. 过错推定原则

过错推定原则是在过错责任原则的基础上演变而来。过错推定，也称为过失推定，侵权人不能举证证明自己没有过错时，法律上应推定侵权人有过错并应承担民事责任。

早期的罗马法不存在过错推定制度。过错推定理论一般认为是由17世纪的法国多马（Domat）创立的。[1]多马曾在其《自然秩序中的民法》一书中，认为过错应采取推定的方式确立。《德国民法典》的相关规定被解释为过错推定原则；日本也通过法律规定和判例建立了过错推定制度。英美法系采取了"事实本身证明"（Res ipsa loquitur）的原则，以避免受害人举证的困难。[2]"事实本身证明"的运用，目的在于推定侵权人有过错，也可以达到过错推定的结果。

很多国家在法律上，严格限制过错推定原则的适用范围，

---

[1] See Andre Tunc, *International Encyclopedia of Comparative Law*, Torts, Introduction, J. C. B. Mohr (Paul Siebeck) Tübingen, 35 (1974).

[2] 有人认为，罗马法学家的著述中曾有"事实自证"的思想。盖尤斯把客观存在的现实称为本质，并认为它是法律规则的实质，对此不应有其他合乎逻辑的解释。

第三章　借鉴侵权比例责任的必要性及运用侵权比例责任的理论支撑

只有法律明确规定的情况，才能适用过错推定原则。依照过错推定原则的条件和程序，首先须证明因果关系的存在，其次须存在推定过错的基础事实。基础事实的内容、类型都必须由法律规定，无论是受害人证明的内容，还是法院依职权推定的事实，都必须符合法律的规定。法律基础事实被证明后，受害人应举证达到有效证明的程度。此时，侵权行为人可以就"没有过错"提出反证，证明自己没有过错，以推翻迁移过程得出的推定结论。法官将决定反证是否有效并确定责任。侵权人的反证必须达到诉讼法上要求的证明标准，否则，根据过错推定原则，侵权人将承担责任。

3. 无过错责任原则

我国侵权责任的归责原则中的无过错责任原则，也称严格责任（strict liability）原则，是指只要造成他人损害，除法定的免责事由之外，不论该侵权人是否具有过错，都应当承担侵权责任。[1]

严格责任最早起源于罗马法中动物致人损害责任，起初在英美法系中广泛适用，后来逐渐被大陆法系的判例和学说采纳。在英美法系多称为严格责任（Strict Liability）[2]，欧洲不少学者认为应当将严格责任表述为绝对责任（absolute liability）或者无过错责任（no-fault liability）[3]。我国台湾地区学者王泽鉴教授认为，英美法系中的严格责任就是大陆法系中的无过错责任。

---

[1]　参见李仁玉：《比较侵权法》，北京大学出版社1996年版，第152~153页。

[2]　参见王泽鉴：《民法学说与判例研究》（第1册），中国政法大学出版社1998年版，第8页。

[3]　See European Group on Tort Law, *Principles of European Tort Law: Text and Commentary*, Springer, 102 (2005).

德国通称为危险责任（Gefahrdungshaftung）；在我国，很多学者都认为，严格责任就是无过错责任。

严格责任原则的适用具有特定的范围和条件：其一，必须严格依据法律的规定。严格责任主要是法律规定的责任，必须由法律明确规定才能适用。其二，必须考虑是否是法律规定的危险活动造成了损害。由于严格责任产生的基础在于危险，严格责任的归责依据在于法律规定情形的危险活动或危险物，且考虑危险活动或危险物是否实际造成了损害。其三，不考虑行为人的过错，即"不论行为人是否有过错"。一方面，严格责任的基础不是过错；另一方面，在严格责任中虽然存在免责事由，但是，这些免责事由是受到严格限制的，除了受害人的故意或不可抗力。其四，必须考虑是否存在法定的免责事由。通常情况下，严格责任一般是加重责任，很难被免责，但是如果存在法律规定的免责事由，则可能依法减轻或免除责任。没有规定免责事由，应当认为没有免责事由，属于绝对无过错责任。

4. 公平责任原则

公平责任，又称衡平责任（Billigkeitshaftung），主要是根据当事人双方的具体状况等因素，公平合理地分担损失。很多情况下，在公平责任中侵权人不仅没有过错，甚至不能确定是否是具体的侵权行为人。公平责任原则是民法中的公平原则在侵权责任法中的具体运用，其目的在于平衡当事人双方的利益，对受害人提供适当的补救。公平责任只能适用于法律特别规定的情形，除了这些情形之外不能适用公平责任。

公平责任原则最初是受自然法的影响产生的。在古代法律中，确定责任时已经考虑了一定的公平因素，但是并未产生作为一种独立归责原则的公平责任原则。如古希腊哲学家亚里士

第三章　借鉴侵权比例责任的必要性及运用侵权比例责任的理论支撑

多德曾提出用衡平（epieikeia）的方法，因为他认为正义存在于"某种平等"之中[1]，公平责任解决个别案件的困难。《德国民法典》放弃了公平责任原则的规定；而在斯堪的纳维亚地区，很多国家制定了普遍适用的公平责任条款。

在我国，公平责任原则适用的具体情形有：监护人已尽监护责任，无行为能力人或者限制行为能力人致人损害的，且其有财产；危险是由自然原因引起，紧急避险造成损害，且避险人采取的措施又无不当的；行为人见义勇为而遭受损害的；等等。

（二）主要缺陷

虽然我国现有的侵权责任法构建了多元的归责体系，但在某种程度上存在一定的缺陷。

1. 解决了责任构成，未解决责任分担

我国现有侵权责任形态论仍然未能摆脱侵权责任构成论的思维方式，仍然受制于侵权责任归责原则主导下的侵权责任构成理论。[2] 现有侵权责任归责原则只解决了责任的构成，未解决责任的分担。我国侵权责任法将过错责任原则作为一般归责原则，将过错推定原则与严格责任原则作为特殊归责原则，此外还规定了公平责任原则作为辅助的归责原则，构成了多元的归责原则体系。侵权责任法的归责原则可以确定行为人承担侵权责任的理由和标准，但对于责任的分担没有科学的依据。在侵权责任的分担中，如果仅按照过错与否，要求加害人承担

---

[1] See Aristotle, *The Politics*, transl. E. Barker (Oxford, 1946), Bk. III. 1282b.
[2] 参见王竹：《侵权责任分担论——侵权损害赔偿责任数人分担的一般理论》，中国人民大学出版社2009年版，第83页。

"全有或全无"责任，不符合我国侵权责任法的救济目的。

我国《民法典》侵权责任编在过错责任原则中，多次提到了"相应的责任"[1]，或"相应的补充责任"[2]。这些责任形式都不是以过错责任作为归责原则，但是可以根据侵权行为的原因力和过错程度来确定其相应的责任或补充责任，达到侵权责任法的救济目的。侵权责任法用了"责任大小"这一概念，"责任大小"也是依据过错程度和原因力来确定的。[3]实际上，我国侵权责任法规定了"依据过错程度和原因力"也提到了"责任大小"分担责任的原则，承认了侵权责任的分担原则，但对具体的分担方式并没有明确规定，未能解决实际责任比例的划分。

2. 因果关系不确定影响归责

侵权行为发生后，受害人为了获得法律救济，需要证明侵权责任的成立，即应当证明侵权责任四要件的存在：加害行为、

---

[1] 《民法典》第1169条第2款规定：教唆、帮助无民事行为能力人、限制民事行为能力人实施侵权行为的，应当承担侵权责任；该无民事行为能力人、限制民事行为能力人的监护人未尽到监护职责的，应当承担相应的责任。《民法典》第1172条规定：二人以上分别实施侵权行为造成同一损害，能够确定责任大小的，各自承担相应的责任；难以确定责任大小的，平均承担责任。《民法典》第1191条第2款规定：劳务派遣期间，被派遣的工作人员因执行工作任务造成他人损害的，由接受劳务派遣的用工单位承担侵权责任；劳务派遣单位有过错的，承担相应的责任。

[2] 《民法典》第1198条第2款规定：因第三人的行为造成他人损害的，由第三人承担侵权责任；经营者、管理者或者组织者未尽到安全保障义务的，承担相应的补充责任。经营者、管理者或者组织者承担补充责任后，可以向第三人追偿。《民法典》第1201条最后部分规定：幼儿园、学校或者其他教育机构未尽到管理职责的，承担相应的补充责任。幼儿园、学校或者其他教育机构承担补充责任后，可以向第三人追偿。

[3] 参见王利明：《侵权责任法研究》（上卷），中国人民大学出版社2010年版，第205页。

第三章 借鉴侵权比例责任的必要性及运用侵权比例责任的理论支撑

损害、因果关系、过错。

侵权责任法上的因果关系是确定某一行为人或物件是否造成了损害事实、造成了多大范围的损害事实,因果关系(causation)是侵权责任的构成要件之一。侵权责任法的因果关系分析包含两个层面的意义:一方面是责任成立的因果关系,是指在不法行为与受害人的权利侵害间应该存在因果联系;另一方面是责任范围的因果关系,是指在被侵害的权利(如身体侵害)与后续发生的损害(如为获得救济发生的支出)之间必须彼此存在因果联系。

通常,受害人需要证明侵权人加害行为与损害事实之间的因果关系。只有当受害人的证明达到要求的证明标准时,法院才判决因果关系成立,并要求侵权人对受害人的损害承担责任。而当侵权人造成受害人损害的可能性不符合国内法所规定的证明标准时,法院则判决因果关系不成立从而侵权人对受害人不承担侵权责任。

而实际很多侵权案件中受害人已经证明了侵权人有侵权行为,并且其侵权行为可能是导致受害人损害结果的原因,但因为受害人举证没有达到法定的证明标准,最终法院因为传统的"全有或全无"责任将其归为因果关系不明的情形,认定侵权人不承担责任,受害人无法获得赔偿。由此可见,因果关系的成立与否决定归责,因果关系不确定的情形只能证明存在因果关系,但不能证明成立因果关系,不能达到因果关系的证明要求的情形下侵权人不承担责任,因此因果关系不确定影响归责原则,导致显然不公的结果。

3. 原因力不确定影响归责

原因力概念源于哲学上的因果力概念,综合各种学说,原因力定义可以归纳为：行为、物件及自然力等原因对于损害结果发生或扩大所发挥的作用程度。[1]原因力考察的对象很广，不仅包括人的行为，还包括物件、不可抗力、意外事故、受害人特殊体质等非人力的因素。在归责阶段，原因力不仅存在有无的问题，还存在大小的问题。如果损害的发生或者扩大不具有原因力的因素，当然也不存在与损害结果之间的因果关系。有原因力，才有可能存在因果关系，但有原因力不一定成立因果关系。如果某因素的原因力大到足以改变事物原本的进程，则该因素为原因，其与损害结果之间存在因果关系，反之则为单纯条件，其与损害结果之间的因果关系不能成立。如此，即可通过相关因素的原因力比对，排除干扰因素，滤掉对损害结果不具有原因力或者仅具有微弱原因力的因素，筛选出原因力足以影响因果关系进程的真正致害原因，完成对因果关系的合理定位，进而实现侵权行为的有效归责。因此，原因力的判断贯穿侵权责任的成立和责任范围的确定。

原因力是判断因果关系是否成立的一个重要因素，原因力不确定就无法判断因果关系，因果关系的成立与否又决定归责，因此原因力不明也势必影响归责。国外的一些学者也认为，原因力的判断应当影响到归责，因为只有区分原因力才能区分主要原因和次要原因，才能区分原因和条件。[2]在我国学说上，王利明教授认为，原因力的判断是区分原因是否可归责的一个重要因素，原因力在不同的归责原则中，对归责的作用是不同

---

[1] 参见梁清：《原因力研究》，人民法院出版社2012年版，第9页。
[2] 参见王利明：《侵权责任法研究》（上卷），中国人民大学出版社2010年版，第447页。

第三章 借鉴侵权比例责任的必要性及运用侵权比例责任的理论支撑

的。在过错责任中,原因力和过错是归责和确定责任范围的依据;在无过错责任中,原因力的作用更为突出。[1]张新宝教授曾在事实因果关系的体例之下讨论过原因力理论。[2]李仁玉教授认为,在一因多果和一果多因的情形下,应当区分多种原因力的恰当作用。[3]对于一因多果,需要在漫长的因果链条上确认哪些"果"可以归责于"因",即需要作为规则方面的判断,原因力对于一因多果的作用实际上折射了原因力对于归责的影响。

当原因力不确定,不仅影响因果关系的成立,也将影响到归责原则。

4. 其他因素的介入影响归责

侵权责任法中的其他因素,主要是指在初始原因实际发生后发生作用的那些因素。可能构成其他因素的有:受害人之过错、第三人之过错、自然原因、动物之行为,等等。

在受害人故意的情况下,大多都是受害人的故意行为引发了自己的损害,其主观心理状态通常对于自己的行为造成损害有明确的认识,但是积极追求或者蓄意放任这种结果的发生。也有可能是在受害人实施故意行为的过程中,侵权人介入了受害人的行为。因此,即使在受害人故意的情况下,也应当比较双方的过错程度来确定侵权人责任的免除或减轻。另外,关于受害人的特殊体质,各国侵权法中都有一条基本原则:侵权人应按受害人初始状态对其负责(The tortfeasor takes is victim as he

---

[1] 参见王利明:《侵权责任法研究》(上卷),中国人民大学出版社2010年版,第447页。
[2] 参见张新宝:《中国侵权行为法》,中国社会科学出版社1998年版,第122~125页。
[3] 参见李仁玉:《比较侵权法》,北京大学出版社1996年版,第119页。

finds him)。[1]"侵权加害人要接受受害人的现状。"[2]这种规则是强调即使是因受害人的特殊体质导致的后果,侵权人也应对其承担责任。在这条规则的背后,是对于公平正义的坚持,即个人不因自己的天生体质而受到差别待遇。

第三人的过错也将作为介入因素影响归责。无论第三人是故意或过失造成受害人的损害发生或扩大,第三人都具有过错。一般在过错责任中,第三人造成损害的,都可以或多或少表明侵权人没有完全过错,甚至可以免除侵权人的责任,我国承认第三人的过错是侵权人减轻和免责的事由。一般使侵权人免责的第三人的过错主要包括:一是可以直接认定第三人的行为和损害结果之间具有因果关系,且第三人是故意,侵权人仅具有轻微过失。二是侵权人没有过错,第三人具有重大过失。若侵权人也具有一定过失,则其不能完全被免除责任。三是第三人引起某种危险,侵权人为避免危险可能引起的损害而实行紧急避险,造成受害人的损害。侵权人所采取的避险行为必须合理,它应当是对先前实施的第三人的过错行为的合理反应,如果侵权人对第三人引起险情行为的反应是笨拙的、不合理的,则应认为侵权人也有过错。[3]但是在严格责任中,即使是因为第三人过错造成了损害,依据法律规定,不一定都导致侵权人免责。

---

[1] See HonÓre, *Causation and Remoreness of Damage*, ch, 7, p.129, in Tunc ed. Int. Encl. comp. Law (1983), xi; Walter van Gerven etc., *Tort Law*, Hart Publishing, 429/1 (2000).

[2] 参见[美]H. L. A. 哈特、托尼·奥诺尔:《法律中的因果关系》,张绍谦、孙战国译,中国政法大学出版社2005年版,第157页。

[3] See Mazeaud and Tunc, *Traité théorique et pratique de la responsabilité civile* I (ed. 6 Paris 1965) II no. 1636.

第三章　借鉴侵权比例责任的必要性及运用侵权比例责任的理论支撑

当第三人的行为只造成损害的部分原因时，侵权人是否应当承担责任，承担多少责任值得研究。目前有三种情况：第一种情况，第三人和侵权人共同负责。在第三人承担侵权责任中，既可能由第三人和侵权人共同承担连带责任，也可能在第三人和侵权人之间形成真正连带关系。第二种情况，因第三人和侵权人的原因共同造成损害的情况下，根据第三人行为对损害的原因力的差异，侵权人的责任可以相应地被减轻或者免除。第三种情况，侵权人首先负责，然后向第三人追偿。在此种情形下，虽然侵权人单独承担了全部责任，但终极的责任人应当是第三人。如果每个人分别实施侵权行为造成同一损害，依据我国《民法典》第1172条分担责任。

具有介入作用的事件有两种类型：一种是不可抗力，不能预见、不能避免并不能克服的客观情况；另一种是巧合，事件自身不一定反常，但与不当行为或者某些已知的结果发生异常结合。基本的原则是，不可抗力的因素，侵权人不承担责任。但是，事件间的异常结合（在这种案件中指不当行为和第三种因素）则能否定因果关系，主要看这种结合是否是行为人有意设计的。[1]

二、现有侵权责任法的解决方案

对于以上侵权责任归责种存在的缺陷，目前我国采取以下解决方式：

（一）一般笼统责任形式：连带责任

对于因果关系不明或原因力不明的个人侵权，因缺乏因果

---

[1] 参见[美]H. L. A. 哈特、托尼·奥诺尔：《法律中的因果关系》，张绍谦、孙战国译，中国政法大学出版社2005年版，第148页。

关系这一构成要件，一般被认定为不构成侵权，侵权人不承担责任。而在多数人的因果关系不明或原因力不明侵权中，若可以确认每个人的行为都足以造成全部损害结果，侵权人依法应当向被侵权人承担不可分的责任，认定为共同侵权和共同危险的数人侵权，很多国家对外采取的是连带责任。连带责任具有法定性与强制性。各行为人负有连带责任，他们都有义务向受害人负全部赔偿责任。

连带责任是对外部关系而言，其内部分担有多种判例学说：一是过错程度说，意思是应当依据各加害人的过错程度来确立其不同的责任。根据过错程度的不同，分担有两种方法。第一种是"纯粹的比较过失分担法"，即完全按照各个侵权人的过失比例来确定承担责任份额；第二种是"相对的比较过失分担法"，除考虑各侵权人的过失之外，还要综合考虑造成的损害后果的严重程度、原因力、加害人所获得的非法利益、加害人的经济负担能力等诸多因素，确定赔偿责任份额。[1]二是平均分担说，即在共同侵权人的内部，原则上应当平均承担损害赔偿责任。依据平均分担法，每个侵权人分担均等的责任份额。三是原因力说，此种方法主要是依据各个行为对损害结果的作用程度不同而对责任进行分担。[2]目前大多数国家遵循平均分担说，采取等分为原则，借助过错程度或原因力大小按比例增加其分担份额。但无论以上哪种内部分担方式，都是先承担连带

---

〔1〕 参见张新宝、明俊：《侵权法上的原因力理论研究》，载《中国法学》2005年第2期。

〔2〕 参见《共同侵权行为人的连带赔偿责任》，载王利明主编：《人身损害赔偿疑难问题：最高人民法院人身损害赔偿司法解释之评论与展望》，中国社会科学出版社2004年版，第180页。

第三章 借鉴侵权比例责任的必要性及运用侵权比例责任的理论支撑

责任，再内部分担，增加了分担和追偿的复杂性，甚至导致分配不公。

如在共同危险行为案件中，由于侵权人不确定，若因无法证明侵权人行为与受害人损害之间的因果关系，而免除侵权人的责任，对于受害人而言可能极其不公。又如在环境公害案件中，侵权人的排污行为与受害人的损害之间的确定性难以确认，其中可能涉及相关专业知识，这对于受害人而言无疑是困难的；同时，排污行为导致损害的期间可能较长，这也不利于证据的收集。因此传统的因果关系证明的判断标准也不适宜，需要采用新的判断标准来认定环境公害案件的因果关系。如果按照传统因果关系的证明要求，一是受害人很难证明，二是证明后"全有或全无"的赔偿方式严重有失公平。因此，仅仅按照传统侵权责任法因果关系证明的要求已经无法适应现代侵权行为责任的承担。

（二）难以确定责任大小：公平责任

另外，在确有损害事实，但无法确定具体侵权行为人的情形中，传统的归责原则通常采用公平责任原则。如抛掷物侵权，判令侵权人承担公平责任，对受害人的财产损失予以适当补偿。在此类案件中，法律虽然补救了受害人的利益，但对于很多无辜的侵权人却强制了责任。

法律上确认公平责任，只是基于道义上的补偿，而不是一种法律责任。公平责任是一种道德责任，是"根据某些人的某种善良的道德情感，或曰公平的愿望来确定由谁来吞食这损失的苦果"。[1]公平责任虽然能够以道德责任为基础的，但是将道

---

[1] 参见王卫国：《过错责任原则：第三次勃兴》，浙江人民出版社1987年版，第173、210页。

德规范中的公平内容上升为法律责任的结果,显然不符合法律的公平观念作为价值判断标准,影响法律的威慑力和公平性。当受害人请求侵权人承担责任,诉请法院强制执行时,众多无辜的侵权人不能服从法律的公平。

虽然公平是法律的最高原则,但对于侵权责任适用的公平责任必须加以具体化,才能作为可适用的法律规范[1],公平责任只能适用于法律特别规定的情形。即便如此,所谓的公平责任仍然是"披着公平的外衣制造不公平"。这种情况下的公平责任势必不符合侵权法的目的,只能是临时弥补受害人的损失,在后期的执行方面增加了很大的难度,不能真正处理好侵权责任。

三、引入侵权比例责任可实现的效果

(一)侵权比例责任解决了因果关系举证,而不必借助笼统解决方案

传统的侵权责任的要求:只有受害人达到举证标准能证明确定侵权人的侵权行为是受害人所受损害的必要原因时,受害人才有权获得全部赔偿。传统的"全有或全无"规则向侵权比例责任规则转向,不仅仅影响"全无"责任,也影响"全有"责任。而按照侵权比例责任的规则,受害人不一定需要100%证明其所受的损害是侵权人所为,只要依据侵权人的侵权行为导致受害人受损的比例就可以获得赔偿。即使这个比例不足以达到传统侵权法要求的证明标准。如果受害人能够根据侵权人的

---

[1] 参见王泽鉴:《民法学说与判例研究》(第6册),中国政法大学出版社1998年版,第302页。

第三章 借鉴侵权比例责任的必要性及运用侵权比例责任的理论支撑

侵权行为造成其损害的可能性获得赔偿，那么即使这个比例未达到证明标准的要求，受害人仍然有权获得部分赔偿。因此，侵权比例责任的适用解决了传统的因果关系要求的100%的举证责任。

如在医疗损害赔偿案件中，很难分清对患者治疗的失败是由于不当医疗还是由于患者自身个体差异而增加了风险，因此传统的"全有或全无"责任原则已经不易适用，判决侵权人全部赔偿或全部免责都可能导致不公。因此，美国司法实践按照加害行为导致损害的可能性比例确定行为人应当承担的责任。法国法院淡化了因果关系标准，病人可以根据丧失机会的比例，获得部分赔偿。

又如在多数人的侵权案件中，连带责任虽然解决了对外的受害人获得赔偿的问题，但埋下了内部分担的隐患。很多连带责任人因内部责任分担的标准不一，不能获得分担，也无力追偿，导致连带责任的后续麻烦。如果在共同侵权最初就引用侵权比例责任，划分各自的责任，就不会造成追偿困难。而公平责任更是可以被侵权比例责任替代。当依据公平责任强加众多无辜的侵权人分担受害人的损害时，实属道德的补偿，不具有法律义务的责任，也不能按照法律的强制力要求执行。如果能够根据各自的过错程度和原因力大小排除责任，才能达到法律上的公平，彰显法律的威慑力。

（二）扬弃"全有或全无"规则，各种归责原则都可按侵权比例责任分担

按照传统的归责原则，无论是过错责任原则、过错推定原则和严格责任原则，都要求侵权人100%地承担责任，除了受害人过错和第三人过错。但是实际中存在两种不公平的情况：一

是侵权人虽然造成受害人损害,但不是损害100%的原因,却要承担100%的侵权责任;另一种是受害人不能100%证明侵权人的行为造成其损害,按照传统归责原则,受害人不能获得赔偿。"全有或全无"的责任形式都无法满足侵权法的救济和制裁功能。只有侵权比例责任要求侵权人按照其实际造成受害人的损害比例承担责任,才能真正解决一刀切的归责原则。

无论是通过过错程度还是原因力,这两种方式的目的都是精确化、量化、可观测、可操作、科学地确定责任数额。侵权比例责任就是通过比较过错、比较原因力,按比例确定责任,比原有的从程度、定性上的确定更进一步,从量化的角度更深入。

另外,当因果关系不确定时,可以进行因果推定,此时因果关系推定和过错推定可能需要结合在一起运用。如在共同危险行为中,数人共同实施侵权行为,但具体侵权人不能确定,大多数国家法律都采用因果关系推定办法,推定数人的行为与损害结果有关,适用过错推定原则。此时共同侵权行为人对外承担连带责任,对内承担按份责任。如果能够确定各自责任的比例,可以直接适用侵权比例责任。特别是由于因果关系不确定的情况越来越多,定性时对量化的精确越来越高,侵权比例责任更符合逻辑与现实社会、司法实践的强劲需求。

严格责任中,只有当受害人有过错时,严格责任可以减轻。因此严格责任也需要比较受害人的过错在整个侵权责任中的比例,以此减轻侵权人的责任。除了部分不可抗力和受害人故意或重大过失的情况之外,严格责任需要侵权人100%地承担侵权责任,是侵权比例责任的极端情况。严格责任归责的基础主要是危险(也称为风险),只要能确定侵权人的危险行为将造成受

第三章 借鉴侵权比例责任的必要性及运用侵权比例责任的理论支撑

害人未来的损害,就可以适用严格责任,而且按照未来损害的可能性确定责任比例。

公平责任原则来源于民法的公平原则,当事人双方没有过错,严格来说只是基于道义上的补偿,不是一种法律责任。如果能够通过比较过错大小和原因力大小计算各自责任的比例,公平责任可能是第一个被侵权比例责任替代的。例如在公平责任情况下,侵权人不仅没有过错,甚至不能确定具体的侵权人,此时可以参照侵权人不确定的侵权比例责任情形,比较因果关系可能性,确定侵权比例责任。实践中基于公平原则的公平责任并不一定公平,原本体现分配正义的公平责任并不能公平分配,只有侵权比例责任才能彰显分配公平、分配正义。

第二节 侵权比例责任的相关因素和核心标准

侵权比例责任是受害人只要证明其受到损害事实的确发生,侵权人的侵权行为引发了 X% 的损害或者侵权行为对损害结果导致 X% 的危险系数(X 可为 1~99 任意值),那么就可以要求侵害人负担 X% 的经济赔偿。[1] X% 就是一定侵权比例责任。在侵权比例责任成立的方面,受害人无需证明因果关系确属存在,仅证明存在因果关系的可能性比例即可。[2] 在侵权比例责任分担的方面,需要比较过错和原因力。因此,依可能性比例的责任确

---

[1] See John Makdisi, "Proprotional Liability: A Comprehensive Rule to Apportion Tort Damages Based on Probability", *N. C. L. Rev*, 1989, 1063~1989.

[2] 参见陈聪富:《因果关系与损害赔偿》,北京大学出版社2006年版,第169页。

立与基于比较过错和原因力的责任分担存在实质上的不同。侵权比例责任范围的确定一方面是在受害人存在过错的情况下，受害人与侵权人之间基于比较过错和原因力分担责任，另一方面是多数侵权人之间基于比较过错和原因力分担责任。

一、侵权比例责任的相关因素

（一）因果关系可能性

因果关系包括事实性要素与法律性要素。事实性要素主要包括因果关系认定所必须的客观情况，如行为、损害结果以及二者的联系。在所有这类案件中，仍然存在一个问题：事件之间的结合要否定因果关系，必须要达到如何之不可能的程度。这显然是不可能用数学来表达的。有人说一个介入事件如果"并非高度的不可能"，它就不能否定因果关系。对于与因果关系不一致的那些结合来说，恐怕无法再提出任何较"非常不可能"更为精确的标准。理论上，介入事件发生的概率可以经由统计学来确定，不过实际上我们在判断特定的事件时，使用的是粗略的可能性概念，因而能够从常识的角度判断一个特定的介入事件是否属于一种十分偶然的巧合。正如我们已经看到的，对于其中所包括推理的理论说明是一件十分复杂的事情。

可能性理论是大陆法系相当因果关系说的核心。相当因果关系说的鼻祖冯·克里斯（Von Kries）曾受到数学上概率学和社会学上统计学的启发，将可能性理论引进法学领域。[1]可能

---

[1] See Werner F. Ebker & Matthew W. Finkin, *Introduction to German Law*, Kluwer Law International, 1996, p. 206.

第三章 借鉴侵权比例责任的必要性及运用侵权比例责任的理论支撑

性理论强调:判决因果关系的标准是损害发生的可能性,而这个标准是客观的。

就赔偿问题而言,笔者认为倾向于以损害与"因果关系可能性的比例"之结果作为赔偿的标准和尺度。某个案中的满足程度较低的要素可通过其他要素显示不寻常的力量来弥补,我们可以这样认为,只要存在因果关系之可能性,就不应排除责任。[1] 依此标准,责任分担的可能性是基于侵权人引发的事前风险 (ex ante risk),而非受害人已经遭受损害的可能性的事后评估 (ex post assessment)。该可能性比例一般可根据科学的鉴定或统计学的数据来认定。

因此,侵权比例责任是依据事前风险评估,确定侵权人的侵权行为已造成受害人的全部(或部分)损害或者未来将会造成损害的因果关系的可能性,依照造成损害可能性比例要求侵权人承担的侵权责任。[2]

(二) 原因力

原因力是每个参与损害发生过程的原因所发挥的作用力。[3] 原因力理论主要是区分:在侵权人和受害人之间或数个原因造成同一损害结果的侵权案件中,每个原因的作用力就是各自的原因力。无论共同原因中的每一个原因还是侵权行为其他因素,侵权人只对自己侵权行为所引起的损害结果承担与其侵权行为

---

[1] See Ken Oliphant, "Uncertain Factual Causation in the Third Restatement: Some Comparative Notes", *Wm. Mitchell L. Rev*, 1626 (2011).

[2] See Israel Gilead, Michael D. Green and Bernhard A. Koch, "General Report: Causal Uncertainty and Proportional Liability: Analytical and Comparative Report", in Israel Gilead, Michael D. Green and Bernhard A. Koch eds, *Proportional Liability: Analytical and Comparative Perspectives*, De Gruyter, 2 (2013).

[3] 参见梁清:《原因力研究》,人民法院出版社2012年版,第3页。

的原因力相适应的赔偿责任,对于非因自己的侵权行为所引起的损害结果,行为人不承担赔偿责任。[1]在损害赔偿中,通过对各种损害发生原因的原因力进行计量,以原因力的大小为标准,综合各种原因力在侵权人和受害人之间或多名侵权人之间平衡赔偿比例,这是对传统的"全有或全无"的赔偿责任的调整和修正,也有利于在受害人与侵权人之间实现损害责任的合理分配。在确定损害赔偿范围或分担损害责任时,由于原因力的大小与损害的大小往往一致,将原因力的标准引入损害赔偿领域,有利于解决部分侵权人过分承担赔偿责任和部分侵权人承担责任不足的问题,更进一步通过损害赔偿的合理承担,实现各个侵权人之间的赔偿责任的公平分担。

各个原因对于损害结果产生的作用进行"量"的区分,是使用原因力概念的重要基础。为了实现责任承担的正当性和公平性,我们经常不得不在产生损害的数个原因中进行选择、比较,进而确定侵权人应当承担的责任份额,原因力通过对每个原因引起结果的作用进行量化,来实现侵权责任和损害赔偿的合理分配。[2]原因力为最终责任份额的确定创造量化的指标,并不表明原因对结果的作用的大小可以用极为精细的数字进行表示。精确的衡量责任的份额是不可能的,从理性的角度来看,是不能够摆脱只是大致分级的比例的责任划定,或者按照责任人的数量进行一个大致的分数式的比例分担。

---

[1] 参见杨立新:《论医疗过失赔偿责任的原因力规则》,载《法商研究》2008年第6期。

[2] 参见王卫权:《侵权行为法中的因果关系研究:以科学哲学中的因果关系理论为视角》,中国人民大学2007年博士学位论文,第99页。

第三章 借鉴侵权比例责任的必要性及运用侵权比例责任的理论支撑

在不同类型因果关系的共同侵权中,各个侵权行为的单独原因力之和与其共同作用所产生的共同原因力不一定相等,因而在各个侵权人之间进行责任的分担时,都应当根据各个侵权行为之间的原因力的比例确定。原因力理论适用情形包括:一是数个侵权人的多个侵权行为共同导致损害结果的发生,如共同侵权行为和共同危险行为的侵权责任。如在共同侵权行为人内部的责任划分上,各共同侵权行为人对各自责任的划分原则上采用比较原因力。在共同危险行为下,不能确定责任大小的,法律推定各行为人的原因力相等,原则上平均分担责任。二是侵权人的加害行为与受害人的行为共同导致损害结果的发生。三是侵权人与第三人的行为共同导致损害结果的发生。对于第三人过错,采取类似于受害人过错的情形。四是侵权人与某些自然因素的作用导致损害结果的发生。如果损害结果的发生有自然因素的作用,依据侵权人的行为和自然原因对于损害发生的原因力大小来确定责任份额,侵权人可以以之作为减轻责任的依据。如果没有侵权行为,自然原因造成的损害只能由受害人自己承担。五是侵权人与受害人的特殊体质共同导致损害结果的发生等情形。参照"损伤参与度"[1]原理进行

---

[1] 损伤参与度可以分为五级:①既有损伤又有疾病,后果完全由损伤所造成,疾病未起作用,损伤与后果之间有必然的因果关系,为100%。②既有损伤又有疾病,后果主要由操作所造成,疾病只起辅助作用,则损伤与后果之间有直接因果关系,为70%~90%。③既有损伤又有疾病,两者单独存在都不能造成目前的后果,或者在造成目前后果的作用上同等重要,难分主次,则损伤与目前后果之间系界限型因果关系,为40%~60%。④既有损伤又有疾病,损伤是诱发或加重因素,即损伤比较轻微,对人体没有大的危害,但能诱发或促进疾病的发作,则损伤与目前后果之间系间接因果关系,为10%~30%。⑤既有损伤又有疾病,若后果完全由疾病所致,则损伤与后果之间无因果关系,为0。

解决。

比较原因力理论最为代表的是机会丧失理论。机会丧失的损害赔偿责任最早出现于契约法上,如英国 Chaplin v. Hick[1]案即是以丧失机会的比例作为损害赔偿的计算依据。在侵权法上,为了避免"全有或全无"规则下侵权人过度赔偿或者受害人过度受偿的不公允现象发生,以美国为代表的一些国家开始将这一理论运用于医疗损害赔偿。机会丧失理论实际上是实质因素说的一个分支,也可以说是专门适用于医疗纠纷案件的实质因素说的变种。[2]对于受害人因医生过失丧失存活机会,最后导致死亡的医疗纠纷案件,美国侵权法实务与学说大多放宽了事实因果关系和损害赔偿的认定标准,使受害人对医院具有损害赔偿请求权,并按照医疗过失行为导致损害的可能性程度来认定原因力的比例,以此确定最终的损害赔偿责任。英国侵权法实务与学说上也有部分间接采取相同的立场。比利时和荷兰法院的观点同样如此。[3]机会丧失理论以医疗过失造成损害结果的盖然性的比例来判断医疗过失行为的原因力的比例,但无论比例的大小,只要有原因力,就认定因果关系存在,然后基于盖然性标准的原因力比例确定具体的赔偿份额。因而,传统理论中的确定性标准被进一步软化,盖然性标准的作用更为突出,原因力对于侵权责任成立和损害赔偿分担的量化作用更为彰显。

对于一些特殊侵权案件的归责,往往需要借助于事实原因

---

[1] See Chaplin v. Hick [1911] K. B. 786(Eng. C. A.).

[2] 参见李响编著:《美国侵权法原理及案例研究》,中国政法大学出版社2004年版,第297页。

[3] 参见张新宝:《侵权责任构成要件研究》,法律出版社2007年版,第339页。

第三章 借鉴侵权比例责任的必要性及运用侵权比例责任的理论支撑

力的推定,来判断因果关系的有无,进而决定侵权责任是否成立。例如,公害案件、产品责任案件中侵权责任成立,需要运用疫学理论、市场份额理论等来判断事实原因力的有无。若能推定加害行为对损害结果具有事实原因力,则因果关系成立,在此基础上满足其他归责要件的,侵权责任成立。因此将原因力的适用范围局限在数人原因致损情况下的责任范围确定,不利于充分发挥原因力的作用,应对其范围做进一步的拓展。虽然在损害赔偿阶段,原因力的作用更为突出,但是还应从责任成立阶段到损害赔偿阶段,都对原因力进行判断和比较。

(三) 过错

1. 过错制度的演进

《十二铜表法》或更早的罗马法文献已经涉及过错的某些具体形态。[1]而于多数情形,侵权人仍然是有"损害……就赔(偿)",结果责任处于主导地位。公元前3世纪的《阿奎利亚法》不仅规定了损害私权行为的事实种类,而且基于这些事实引导了罗马法另外一项一般性原则,即"过失要求对他所造成的损害进行赔偿"的原则。[2]法学界认为,《阿奎利亚法》为过错责任的鼻祖,该法确定的过错责任原则将侵权责任建立在合理的或者说是人道理性的基础之上。[3]过错是很多国家侵权责

---

[1] 如《十二铜表法》第八表之二十一"恩主欺诈门客,让他做牺牲"。欺诈无疑是过错中故意的一种。参见徐国栋等:《十二表法新译本》,载《第3届罗马法·中国法与民法典国际研讨会论文集》(中国政法大学罗马法研究中心、意大利马可·波罗诞辰750周年国家委员会主办,2005),第615页。

[2] 参见 [意] 桑德罗·斯奇巴尼选编:《债 私犯之债 阿奎利亚法》,米健译,中国政法大学出版社1992年版,第1页。

[3] 参见叶秋华、刘海鸥:《论古代罗马侵权行为法的发展演变》,载《法学家》2006年第6期。

任法的一个基础概念，这些国家在民法中，使用"过失""故意""疏忽""不慎""故意或过失"等概念表达具体过错形态，而较少直接使用抽象的"过错"概念。只有《荷兰民法典》是直接使用"过错"的概念。

很多国家用过错推定方式认定侵权责任是比较普遍的现象。但是，就不同类别的过错推定案件，法律规定的"证明自己没有过错"的方式与证明程度往往不一样。受害人过错通常被作为减轻或免除侵权责任的一个重要事由，与此相关的制度是"与有过失"。

我国与其他法典化国家的侵权责任法一样，也将过错作为我国侵权责任法的最基础概念，常用"过错""故意或过失"的表述。过错推定在我国民事法律和司法解释中得到广泛运用。我国民事法律和司法解释除了大量涉及侵权人过错、受害人过错外，还涉及第三人过错[1]、法人过错（承认法人的侵权责任能力）等问题。

2. 过错程度

过错责任的基本内容是加害人应当承担的责任与其过错程度相一致。早在罗马法中就有对过错程度的分类，16、17世纪的古典自然法学理论的发展中，过错程度与责任大小相一致的思想才开始起源。

---

[1] 第三人过错支配下的行为在侵权责任法上的意义在于：①独立构成损害发生的原因，第三人承担全部侵权责任；②与加害人的过错行为直接结合在一起，作为一个共同的原因导致损害的发生，第三人与加害人承担共同侵权的连带责任；③与加害人的过错行为间接结合在一起，不构成一个共同的原因导致损害之发生，而是对损害之发生所起作用各不相同，可以比较原因力大小，第三人以其过错大小和原因力大小承担按份的侵权责任。参见法释〔2003〕20号第3条第2款。有关理论论述详见张新宝：《侵权责任法原理》，中国人民大学出版社2005年版，第四章。

第三章 借鉴侵权比例责任的必要性及运用侵权比例责任的理论支撑

罗马法最早提出了区分过错程度的思路，曾将过错区分为故意（dolus）、重大过失（culpalate）和轻过失（palvels）。[1]依学者见解，德国侵权法中的过错首先分为故意和过失[2]；接下来将故意分为直接故意（Dolus directus/direkter Vorsatz）与间接故意（Dolus evertualis/bedingter Vorsatz），将过失分为重大过失（grobe Fahrlässigkeit）、一般过失（mittlere Fahrlässigkeit）与轻微过失（leichte Fahrlässigkeit）。英国学者认为，过错的心理状态分为三种：恶意（malice）、故意（intention）和过失（negligence）。[3]我国台湾地区在1953年的判决中认为："为过失为注意之欠缺，民法上的所谓过失以其欠缺程度为标准，可分为抽象的过失、具体的过失、重大过失三种。"[4]我国现有法律和司法解释在区分过错程度上也作出一些尝试，按照过错的严重程度作降次排列，可以分为：恶意、一般故意（故意）、重大过失、一般过失和轻微过失。[5]

3. 过错的判断标准

在以过错为构成要件的各种侵权责任认定时，必须对行为人有无过错作出判断。总之，在侵权法中需要对侵权人、

---

[1] 参见王利明：《侵权行为法研究》（上卷），中国人民大学出版社2004年版，第233页。

[2] See Basil S. Markesinis and Hannes Unberath, *The German Law of Torts — A Comparative Treaties*, 4th ed., Hart Publishing 83, 1994.

[3] 参见 John Cooke, *Law of Tort*, 5th ed., 法律出版社2003年英文版，第9页。

[4] 我国台湾地区1953年台上字第865号判决，转引自王泽鉴：《侵权行为法·基本理论·一般侵权行为》（第1册），台湾1998年版，第295页。

[5] 传统的英美法系普通侵权法也将过失划分为轻微过失、一般过失和重大过失。参见 W. Page Keeton, William L. Prosser, *Prosser and Keeton on Torts*, 5th ed., West Publishing Co., p. 210. 另参见王利明、杨立新编著：《侵权行为法》，法律出版社1996年版，第72页。

受害人和可能的第三人分别进行过错判断,也就是对其行为与案件的损害后果之间是否存在故意或过失进行判断。有无过错是判断侵权人是否承担侵权赔偿责任的根据,过错程度的区分才是确定赔偿范围的根据。学者认为,过错的判断中,对故意的判断相对比较简单,难点是对于过失的判断。[1]具体参见下表:

表3-1 过错程度的区分

过错程度	基本含义	侵权比例责任
恶意/蓄意	第一,明知自己的行为违法,或会对他人的利益造成损害,仍实施该行为的心理状态。 第二,以损害他人的利益为目的,故意违法。[2]	100%
一般故意	侵权人明知损害结果会发生或很可能发生而放任其发生的不良心理状态。	100%
重大过失	侵权人在极其不合理的程度上,疏忽了应有的谨慎,严重的不以为然(漠不关心)。	80%
一般过失	中等程度的过失,侵权人没有达到一个一般理性人所应当达到的注意程度。	40%
轻微过失	也称为小过失,侵权人缺少极其谨慎而细致的注意,没达到极高的注意程度。	20%

(1)故意的判断标准。故意的判断标准在学术上存在两种

---

[1] 参见王利明:《侵权行为法研究》(上卷),中国人民大学出版社2004年版,第490页。

[2] 参见薛波主编:《元照英美法词典》,法律出版社2003年版,第887页。

第三章　借鉴侵权比例责任的必要性及运用侵权比例责任的理论支撑

观点：一种观点是"客观说"，认为故意是客观存在的，具有客观的内容，故意必须体现在对他人合法权益进行伤害的客观行为上。[1]另一种观点是"综合说"，对故意侵权责任的构成包括法律、意图和损害行为等要素。[2]故意根据其本质，分为两种情形：一是直接故意，二是间接故意。

（2）过失的判断标准。过失包括"疏忽"的过失和"懈怠"的过失。[3]判断过失时，传统理论比较集中于讨论侵权人的主观注意，而且多以是否达到应当注意的程度，也即是否违反注意义务作为判断标准。过失判断的法定标准，与特别注意义务和注意程度有关。[4]

我国侵权责任法上判断过失的标准有三个：其一，以法律、法规等规范所确定的注意义务为标准。民法上的注意义务不限于法定义务，还包括道德义务。行为人若违反法律明确规定的注意义务，即构成过失。其二，以一个合理的、谨慎的人所应当具有的注意义务为标准。理性人不仅仅要自己合理谨慎地行为，而且要考虑到其他人是否会因自己的行为而受到损害。其三，特殊情况下采取特殊的标准。如要考虑专业人士的特点，对于从事较高专业性、技术性活动的行为，必须按照专业技术人员通常应有的注意标准来要求；不同行业的特点，依据其经营习惯、交易习惯等，对不同经营者、管理者提出不同

---

[1]　参见蔡颖雯：《过错论》，中国人民大学2005年博士学位论文。
[2]　参见王利明主编：《民法·侵权行为法》，中国人民大学出版社1993年版，第155页。
[3]　参见佟柔主编：《中国民法》，法律出版社1990年版，第576页。
[4]　负有特别注意义务的当事人，不仅要达到一般的注意程度，而且还要达到特别的注意程度。只有达到了法律规定的特别注意程度，才不构成过失、不承担民事责任。

的行业要求；还应考虑行为人的过失行为的主观因素，主要包括民事行为能力、身体缺陷、心智缺陷、超长技能等主观因素。

二、比较过错与比较原因力作为核心标准

比较过错规则最早出现在罗马法，当时是在侵权人与受害人之间比较各自的过错，根据侵权人与受害人之间的过错判断侵权人是否要承担侵权责任，如果侵权人的过错大于受害人的过错，侵权人要承担侵权责任；反之，如果受害人的过错大，受害人将因为自己的过错丧失获得赔偿的权利。古罗马法学家庞母蓬尼斯（Pomponius）将其总结为："因自己的过错而受到损害，不视为受害"（si quis ex culpa sua damnum sentit, non intelligitur damnum sentire）[1]，此规则被后世称为"庞氏规则"。对于法院来说，最公平的做法莫过于达到"责任与过错相当"的状态，[2]即实现分配正义意义上的"应得"。如何才能做到呢？主要是通过比较侵权中的过错和原因力来实现。

过错比较说以主观责任说为出发点，是过错责任的具体体现，主张完全按照各当事人过错程度的比较作为责任确定和分担的依据。[3]可以明确的是，按照确定的过错比例分担责任是一种更接近正义的分配方式，[4]在过错责任的大多数情况下，

---

[1] D. 50. 17. 203（Pomponius libro octavo ad Quintum Mucium）.

[2] See Hoffman v. Jones, 280 So. 2d 431, 436（Fla. 1973）.

[3] 参见梁清：《原因力研究》，人民法院出版社2012年版，第137页。

[4] See Victor E. Schwartz with Evelyn F. Rowe, *Comparative Negligence*, LexisNexis Matthew Bender, 4th ed. 2002 with 2007 Cumulative Supplement, 443, 2007.

第三章 借鉴侵权比例责任的必要性及运用侵权比例责任的理论支撑

过错程度与原因力的大小成正比,[1]因此以过错比较来确定和分担责任,相对于比较原因力更能客观地确定当事人的责任份额。此外,国外有些学者和法典认为按照原因力分担责任是最公正的模式。

以下是我国"裁判文书网"2012年至2018年仅单方面比较过错和比较原因力的173件侵权比例责任案件。分析表明,比较过错与比较原因力的案件在法院判决责任时,效果相当。除此之外,大多数案件中兼有比较过错和比较原因力。

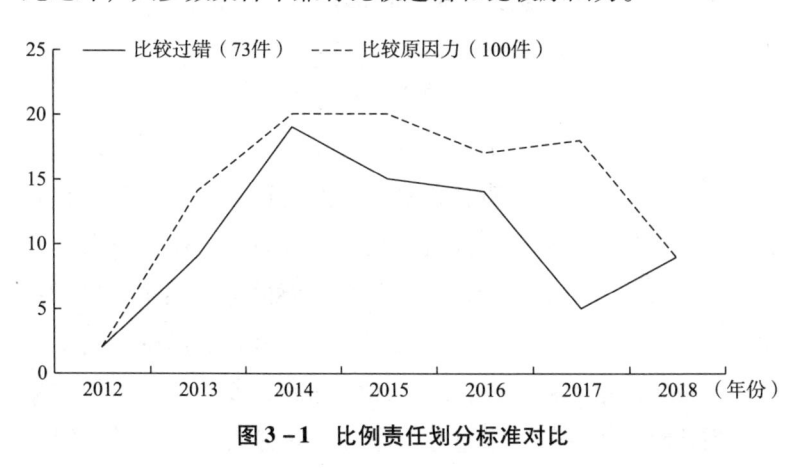

图3-1 比例责任划分标准对比

在适用损害赔偿侵权比例责任的情形中,法院主要考虑的因素是比较过错程度和比较原因力大小。而对于过错与原因力的主从地位和考察的先后次序,以及比较过错程度和比较原因力大小的标准等问题,均需要进一步的探讨和明晰。

对于比较过错与比较原因力的优先顺序的问题,国内学者

---

[1] 麦可辛尼斯(Markesinis)在就《荷兰民法典》第6:98条论述时提到:"过错越重大,因果关系上的归责倾向就越明显。"参见[德]克里斯蒂安·冯·巴尔:《欧洲比较侵权行为法》(下卷),焦美华译,法律出版社2001年版,第571页。

观点不一。主要有三种观点：第一种是"过错为主说"，主张过错程度大小对共同责任的分担起主要作用，比较过错程度是第一位决定因素，比较原因力是第二位决定因素[1]；第二种是"原因力为主说"，强调以原因力作为主要判断标准。也就是说，应以原因力大小为主，过错程度为辅，因为侵权法的主要功能在于补偿功能，原因力的比较更能客观地确定责任份额[2]；第三种观点是相对折中说，认为应当根据共同侵权行为人的过错程度和原因力大小确定分担责任比例，不分主次。[3]

（一）过错、原因力的地位与比较次序

1. 以过错比较为主，原因力比较为辅

大多数学者赞成以上第一种"过错为主说"，原因力的大小尽管也影响各自的赔偿责任份额，但要受过错程度的约束和制约。[4]过错归责原则是侵权责任法的基本原则，较之因果关系中的原因力，过错的归责性似乎是最重要的考虑因素。[5]主要原因有：其一，从侵权法的目的和功能来看，现代侵权法发展的普遍趋势强化了补偿功能，"法律所强调的重点已从承担过错转移到补偿损失"[6]，以过错为主确定责任大小正是对补偿功能的体现。由于侵权法的补偿功能主要借助于过错责任原则，

---

[1] 参见杨立新：《侵权法论》，人民法院出版社2005年版，第200页。
[2] 参见张新宝：《侵权责任法原理》，中国人民大学出版社2005年版，第381~382页。
[3] 参见王利明：《侵权责任法研究》（上卷），中国人民大学出版社2004年版，第735页。
[4] 参见杨立新：《侵权法论》，人民法院出版社2011年版，第779页。
[5] See Michael A. Jones, *Torts* (7th ed.), Blackstones Press Limited, 2000, p.570.
[6] 参见［德］马克西米利安·福克斯：《侵权行为法》，齐晓琨译，法律出版社2006年版，第5页。

第三章　借鉴侵权比例责任的必要性及运用侵权比例责任的理论支撑

要有效实现这一功能，就需在损害赔偿中以过错的比较为主。其二，侵权法的构成中，过错作为构成要件之一，说明了过错决定侵权行为的构成与否，过错是基础的归责，也是确定侵权行为成立的重要因素。比较过错即决定是否构成侵权，以及在多大范围内承担侵权责任。其三，过错的客观化使过错的判断和比较更具有可操作性。把过错进行分类，并将过错程度客观化，便于在司法实践中更好地操作。

以过错为主、原因力为辅规则的具体表现为：一是过错责任原则是侵权责任的基础归责原则。二是在特殊侵权类型案件中，过错程度比较明显，原因力的判断与比较极为模糊，主要也是运用过错比较来确定责任范围。[1]

2. 先比较原因力的大小，再比较过错的程度

有些学者赞成第二种"原因力为主说"。这些学者认为，从认识事物的逻辑顺序来看，在侵权责任构成的判断中是先考察客观原因力，再考察主观过错。尤其是在大陆法系国家，对行为的客观判断和主观判断是分层次进行的，即先考虑行为客观方面的特征，再对其主观方面进行评价。[2]

我国少数学者探讨了各要件的考察次序。江平、张佩霖两位教授曾指出，侵权责任四个构成要件之间存在一定的内在逻辑联系，排列次序应当是损害事实、违法行为、因果关系、主观过错。[3]王利明教授也提出，如果把责任的确定过程分为几

---

[1] 杨立新、梁清：《原因力的因果关系理论基础及其具体应用》，《法学家》2006年第6期。

[2] 张明楷：《犯罪构成理论的课题》，载《环球法律评论》2003年秋季号。

[3] 参见江平、张佩霖编著：《民法教程》，中国政法大学出版社1986年版，第332~333页。

个步骤，那么，因果关系的认定是第一步，而过错的认定是第二步。2007年在北京召开的第二届中德侵权法研讨会上，德国学者布律哥麦耶（Brüggemeier）教授重申了这样一个考察顺序，即在归责时，首先要考虑因果关系，接下来根据责任的不同类型，考虑故意责任中的故意，或是过失责任中的过失，或是危险责任中的危险的现实。[1]

（二）比较过错程度和比较原因力大小的标准

1. 比较过错程度的标准

比较过错程度主要是依据过错的轻重，从过错的基本形态出发。过错的基本形态分为故意和过失，区分的标准在于侵权人对自己行为危险性是否有预见，侵权人有预见的属于故意，有预见可能性的属于过失。[2]

对于过失，目前各国通常分为重大过失、一般过失和轻微过失。重大过失如雇主对于提供劳务者应保证提供劳务者的人身安全，如果因欠缺此项安全注意义务，导致提供劳务者受到伤害，雇主的行为将被认定为重大过失。在大陆法系和英美法系，重大过失通常等同于一般故意。但对于与有过失的情形，受害人的重大过失不能简单地等同为一般故意。一般过失，也称为抽象过失，它是指行为人缺乏具有一般知识、智力和经验的人诚实处理事务所应有的注意。在综合说中，对于数个侵权人之间的责任分担，可以适用这一规则。

早在罗马法时期，法学家们对过错的不同种类和程度加以

---

[1] 参见《第二届中德侵权法研讨会现场实录》，载中国民商法网，http://www.civillaw.com.cn/Article/default.asp?id=34699，最后访问时间：2019年3月20日。

[2] 详见蔡颖雯：《过错论》，中国人民大学2005年博士论文。

第三章 借鉴侵权比例责任的必要性及运用侵权比例责任的理论支撑

区分,将过错按程度分为六种:严重过错(*Culpa Lata*)、较严重过错(*Latior*)、最严重过错(*Latissima*)、轻微过错(*Lavis*)、较轻微过错(*Levio*)、最轻微过错(*Levissma*)。后世的法学家们仿效罗马法,对过错进行了分类。[1]如与有过失的情形中比较过错程度可分三种情况,详见下表。

比较过错的方法是,首先确定双方当事人的过错程度,其次对照以下情形,最后确定各自的侵权比例责任。在与有过失中,判定双方的过错程度通常采取的标准是根据注意义务的内容和注意标准决定过错的轻重,通常过错轻重标准如下[2]:

表3-2 过错轻重标准

情形	受害人	侵权人	侵权人过错比例
1	故意或重大过失	轻微过失	5%以下
2	故意或重大过失	一般过失	5%~25%
3	故意	重大过失	25%~50%
4	故意或重大过失	故意或重大过失	50%
5	重大过失	故意	51%~75%
6	一般过失	故意或重大过失	75%~95%
7	轻微过失	故意或重大过失	95%以上

2. 比较原因力大小的标准

原因力大小取决于各个共同原因的性质、原因事实与损害

---

[1] 魏振瀛、王小能:《论构成民事责任条件中的过错》,载《中国法学》1986年第5期。

[2] 参见杨立新:《侵权责任法》,法律出版社2018年版,第101页。

结果的距离以及原因事实的强度,比较原因力通常借助于对原因的划分来进行。划分原因力其实也是确定各类要素对损害后果的作用力程度,详见下表。

表3-3 交通事故原因认定

情形	侵权人	承担责任比例
1	全部原因	100%
2	主要原因	70%~95%
3	同等原因	50%
4	次要原因	20%~40%
5	轻微原因	5%~10%
6	无原因	0

对于原因力的比较,在不同类型的案件有不同的具体标准:①在提供劳务者受害案件中,通常根据双方当事人注意义务的大小来判断其行为原因力的大小,特别是在不作为的侵权案件中,通过分析注意义务来判断原因力显得尤为重要。在客观过错说之下,注意义务常常成为过错与原因力判断的共同标准,此时过错与原因力的大小往往成正比。②在交通事故案件中,根据侵权行为的危险性大小及回避危险能力的优劣来比较原因力的大小。例如一般的交通事故中,机动车与非机动车驾驶人、行人的原因力比较,机动车驾驶员的行为危险性更大、危害回避能力更强,所需注意程度较高,法律规定机动车的原因力也就更大。[1]③在医疗事故责任中,可以借助治愈机会或存活机

---

〔1〕 参见王利明:《侵权责任法研究》(上卷),中国人民大学出版社2010年版,第621~622页。

第三章 借鉴侵权比例责任的必要性及运用侵权比例责任的理论支撑

会丧失的比例来确定原因力的大小；也可以适用风险理论来判断原因力的大小，只要受害人证明侵权人的行为增加了受害人发生某种损害的风险并且该损害后来确实发生，那么侵权人就须对受害人的损害负责。[1]④在产品责任中，一般依据侵权人的市场份额比例来确定其行为原因力的大小，如 Sindell v. Abbot Laboratories 案[2]，法院通过调查确定五名被告所生产的 DES 产品当时占市场份额的 90%，最终五名被告按照当时各自市场份额比例划分责任。⑤在环境侵权中，可以根据各个侵权人污染物质排放量的多少来确定其行为的原因力。在美国侵权法上，对于数个污染源造成水污染、烟雾污染、粉尘污染或者噪声污染，致使受害人遭受损害的，可以根据这些污染源各自的污染排放量对其污染行为进行程度上的分割，并以此在各侵权人之间进行责任的分担。[3]在日本数个污染源共同侵权也参照构成该损害发生的原因度大小分担责任。[4]在我国，环保部门对污染企业排放量的监测比较有力，能够提供污染企业排放量准确数据情况下，可以规定按照污染物质排放量确定各侵权人对损

---

[1] 对于被告的行为知识增加了原告发生某种损害的风险，该损害并没有实现发生的情形，传统理论不支持原告的诉讼请求。但近年的判决认为，如果原告能证明存在不低于 50% 的发生可能性，原告可就未来损害取得赔偿。参见陈佩吟：《医生产前检查失误之民事赔偿责任》，东吴大学 2004 年硕士论文。

[2] 即根据一定时期内各个侵权人投入市场的某种产品的数量与同种产品的市场总量之比例来确定。See Sindell v. Abbot Laboratories, 449 U.S. 912, 101 S. Ct. 285, 66 L. Ed. 2d 140 (1980).

[3] 参见［美］理查德·A·爱泼斯坦：《侵权法：案例与资料》，中信出版社 2003 年版，第 464 页。

[4] 日本《水质污染防治法》第 20 条规定："在两个以上事业者将含有有害物质的污水或废液排放而产生损害，对该损害赔偿责任适用民法第 179 条的第 1 款规定场合下，有被认为其构成该损害发生的原因度明显较小的事业者时，法院在决定该事业者的损害赔偿责任额之际可以斟酌这一情况。"

害发生的原因力，进而确定各侵权人的责任份额。[1]《民法典》在总结学说和实践经验的基础上，根据数个污染者污染环境按照污染物的种类、排放量等因素确定其责任分担。[2]

第三节 侵权比例责任的适用依据

近些年来，在各国司法实践中，侵权比例责任的适用越来越广泛，法院主要是通过采用以下几种依据比较过错与比较原因力，最终裁判适用侵权比例责任。

一、参与度

参与度，也称参与程度，是指多个原因导致一个特定后果时，不同的原因在后果中的原因力（或作用力）大小。早在1980年，日本法医学家渡边富雄教授对交通事故和损害后果（死亡、后遗功能障碍）之间的关系，与同事一起采用了定量比例的方法进行研究，并提出了"事故寄予度"的概念，按照这种比例评价事故在损害后果中所起作用的大小。

（一）医疗事故的参与度

1986年，我国法医学界将"事故寄予度"概念引入并改为"损伤参与程度"，又称"医疗过失行为参与度"，目前在医疗损害案件中广泛适用。医疗过失行为参与度，又称医疗过失参与

---

〔1〕在司法实践中，若不能根据各侵权人污染物排放量等查明各个侵权行为的原因力，则由各个侵权人平均分摊责任。此外，对于损害的负担，一般认定未达标排污企业承担连带责任，达标企业承担按份责任。

〔2〕《民法典》第1231条规定："两个以上侵权人污染环境、破坏生态的，承担责任的大小，根据污染物的种类、浓度、排放量，破坏生态的方式、范围、程度，以及行为对损害后果所起的作用因素确定。"

第三章　借鉴侵权比例责任的必要性及运用侵权比例责任的理论支撑

程度，是指当损害后果是由于医疗过失行为和患者自身原因（如患者自身疾病的严重性、对药物的特殊异常反应及对医嘱的依从性欠佳等）共同引起时，通常需要对医疗过失行为在损害后果中的原因力大小进行评定和量化。[1]分析医疗过失与损害后果是否存在因果关系，实质上是探讨医疗过失在损害后果中的参与度问题。医疗过错行为参与度的确定，是对过错医疗行为与损害结果之间因果关系的定量划分，是因果关系的进一步具体化、直观化、数据化，便于司法人员理解和使用。[2]

在医疗损害责任纠纷诉讼中，法院根据医疗过错参与度鉴定和伤残鉴定来确定赔偿侵权比例责任。司法鉴定因果关系分析及参与度判定要对引起不良后果的各种原因所发挥的作用大小进行定量分析，并在鉴定实践中把医疗过错参与度用一个具体的数值来表示，但这个数值并不能理解为具体的百分比，而是一个相对合理的参与度范围。

如在"朱某与泰兴市某医院医疗损害责任纠纷"一案[3]中，医学鉴定机关鉴定：医疗行为是否存在过错？过错与损害结果是否存在因果关系？伤残等级是多少？过错在损害后果中的参与度是什么？以及关于休息期、护理期和营养期的鉴定。[4]法院依据

---

〔1〕　参见张纯兵：《医疗损害司法鉴定质量控制研究》，华东政法大学2016年博士论文。

〔2〕　刘鑫：《医疗损害鉴定之因果关系研究》，载《证据科学》2013年第3期。

〔3〕　详见（2017）苏12民终2464号判决。

〔4〕　司法鉴定意见是：①医院在患者朱某诊疗过程中存在医疗过错行为，与二次翻修手术有因果关系，原因力的大小为直接因素。②医院在患者朱某诊疗过程中存在医疗过错行为，不能完全排除为某病的诱发因素之一，原因力的大小为轻微因素。③参照《医疗事故分级标准（试行）》，患者朱某损害后果达不到相关伤残等级。三期鉴定：休息至二次手术后90天、营养60天、护理90天，护理人员1人。一审法院核定医院承担15%的赔偿责任。

此类司法鉴定具体判决侵权比例责任。

而判定医疗过失的参与度实质是依据原因力规则、判定导致损害后果的各原因所起到的作用力大小问题。依据原因力规则，在医疗损害司法鉴定的因果关系分析及参与度判定中，首先把原因归类，其次根据具体的原因类型确定参与度范围，最后根据值确定侵权责任比例。[1]详见下表：

表3-4 医疗过失的参与度判定

医疗行为与损害后果之间因果关系类型	具体含义的文字表述	参与程度范围	参与值
无因果关系	医疗行为（过错）与患者损害后果不存在明确的因果关系。损害后果完全是由于患者体质的特殊性、疾病病情本身特点或者限于当时医疗水平等因素造成。	0	0
诱发原因	诱发身体原有潜在疾病恶化而引起死亡或其他不良后果的因素。	5%~15%	10左右
辅助原因	存在多种因素与不良后果有关时，对主要原因起到促进或加速作用的情况属于辅助因素。	20%~40%	30左右
合并原因（联合原因）	两种或两种以上在同一案件中联合在一起共同引起不良后果的因素。	60%~70%	50左右
主要原因	引起不良后果的原发性疾病、损伤、中毒或诊疗失误等。	60%~80%	70左右
根本原因	与不良后果主要相关的原发性疾病、损伤或造成致命性损害等不良后果的事故或暴力情况。	90%~100%	95左右

---

[1] 刘鑫：《医疗损害鉴定之因果关系研究》，载《证据科学》2013年第3期。

第三章 借鉴侵权比例责任的必要性及运用侵权比例责任的理论支撑

医疗损害司法鉴定的因果关系分析及参与度判定，对划分责任比例具有至关重要的作用。很多案件中，司法鉴定机构就侵权人在对受害人的诊疗行为中存在的过错及原因力大小进行了鉴定，且确定了过错程度及原因力大小，以及其他医院在对受害人的诊疗中是否存在过错，与侵权人需承担的责任大小有无关联等，并在出具司法鉴定意见时对医方的医疗过错在损害后果中的参与度进行分析，进行损伤程度评定、伤残等级鉴定以及医疗损害鉴定，一般司法鉴定机构会将医疗过错参与度在鉴定意见书中予以说明。即使其他医院存在过错，亦不能免除或减轻侵权人应承担的责任[1]。司法鉴定机构对于过错参与度的鉴定直接关系到法院裁判中确定责任的分担。当然，在确定赔偿责任的比例时，计算受害人的赔偿金额是否应当将受害人自身原有的疾病、缺陷纳入考量，或者支持赔偿义务人以受害人自身原有的疾病、缺陷要求适当减轻或者免除其赔偿责任的抗辩理由，不能简单、片面地以过错参与度来确定侵权人的赔偿责任，应当综合考虑医疗过失行为在医疗损害后果中的责任程度、患者原有损伤状况等自身状况等因素确定。

（二）交通事故的参与度

在交通事故责任纠纷中，法院通常采信交警部门对交通事故参与度分析作出的交通事故认定，判定双方按照各自的责任

---

[1] 司法鉴定机关鉴定意见是：医院的诊疗行为基本符合医疗规范，但存在一定过失，该过失与患者目前情况无直接因果关系，但不排除存在一定的间接因果关系，医院的过错参与度考虑以不超过5%为宜。法院最终采信鉴定意见判决其承担5%的赔偿责任。详见（2014）柳市民三终字第6号判决。

比例分担责任，此类侵权比例责任在案件中适用最为广泛。主要认定步骤如下：

当道路交通事故责任发生后，一方或双方通知交警到现场，交警首先进行道路交通事故调查，查明各方当事人的行为是否违反相关道路交通安全法律法规，如果没有任何违法行为的就不负事故责任。如果有违法行为，交警部门其次分析各方当事人的违法过错行为与道路交通事故之间的因果关系，确定双方是否承担责任。再次分析各方当事人的违法过错行为在具体道路交通事故中的作用力大小，这是事故责任认定工作中的关键。最后综合评判各方违法过错行为作用大小的"参与度"，作出认定结果，出具交通事故责任认定书。

公安机关交通管理部门划分各方责任时，应当根据当事人各方的过错的严重程度，或者各方过错行为对事故形成的"原因力"大小的参与度，确定双方当事人各自的责任。一般因一方当事人的过错导致道路交通事故的，直接认定其参与度为100%，要求其承担全部责任，其中十六种情形通常将被确定为全部责任。[1]

---

〔1〕 十六种承担全部责任的情形：①追尾碰撞前车的；②变更车道发生事故的；③倒车、溜后发生交通事故的；④从路外或非机动车道驶入机动车道发生碰刮的；⑤绿灯放行或没有信号灯控制的路口转弯车未让直行车的；⑥进入环行路口的车未驶出或在环行路口内行驶的车辆的；⑦跨越道路中心实线或者隔离实线发生事故的；⑧逆向行驶的；⑨右侧超车发生交通事故的；⑩超越前方正常掉头、左转弯、超车的车辆时发生碰刮的；⑪冲红灯发生交通事故的；⑫有禁止掉头标志、标线的地方以及在人行横道、桥梁、陡坡、隧道掉头发生交通事故的；⑬碰撞依法可以暂停、停放的车辆的；⑭开关车门造成交通事故的；⑮机动车进出停车场或停车泊位时与正常行驶的车辆发生事故的；⑯单方发生交通事故。参见刘星、李娜：《道路交通事故责任认定的救济途径研究》，载《河北法学》2006年第1期。

第三章 借鉴侵权比例责任的必要性及运用侵权比例责任的理论支撑

表3-5 交通事故责任划分

情形	全部责任（所占比例：100%）	无责任（所占比例：0）	主要责任（所占比例：70%）	次要责任（所占比例：30%）	同等责任（所占比例：50%）
有无责任①一方当事人故意造成道路交通事故的	故意方承担事故全部责任	其他方无责任			
有无责任②因一方当事人的过错导致道路交通事故，其他方当事人无违章行为的	由过错一方当事人承担事故全部责任	其他方无责任			
有无责任③当事人逃逸，造成现场变动、证据灭失，公安交管部门无法查证道路交通事故事实的	由逃逸的当事人承担事故全部责任				
有无责任④当事人故意破坏、伪造现场及毁灭证据的	由其承担事故全部责任				
有无责任⑤机动车发生与本车有关联的交通事故时，当事人不立即停车，不保护现场，致使交通事故责任无法认定的	发生事故的机动车方承担事故全部责任				
有无责任⑥当事人一方有条件报案而未报案或者未及时报案，使交通事故责任无法认定的	未（及时）报案方承担事故全部责任				

续表

情形	全部责任（所占比例：100%）	无责任（所占比例：0）	主要责任（所占比例：70%）	次要责任（所占比例：30%）	同等责任（所占比例：50%）
有无责任⑦各方均无导致道路交通事故的过错，属于交通意外事故的		各方均无责任			
主次责任①机动车、非机动车、行人发生交通事故，交通事故各方当事人有违章行为			在交通事故中作用大的一方承担主要责任	另一方承担次要责任	
主次责任②机动车与非机动车、行人发生交通事故，当事人各方有条件报案而未报案或者未及时报案，致使事故基本事实无法查清的			机动车方应承担主要责任	非机动车、行人一方承担次要责任	
主次责任③机动车与非机动车、行人发生交通事故后未立即停车，未保护现场，致使事故基本事实无法查清的			机动车一方承担主要责任	非机动车、行人一方承担次要责任	
同等责任①机动车、非机动车、行人发生交通事故，交通事故各方当事人均有违章行为，且违章行为在交通事故中的作用基本相当的					各方承担同等责任

第三章　借鉴侵权比例责任的必要性及运用侵权比例责任的理论支撑

续表

情形	全部责任（所占比例：100%）	无责任（所占比例：0）	主要责任（所占比例：70%）	次要责任（所占比例：30%）	同等责任（所占比例：50%）
同等责任②发生交通事故后各方当事人均未立即停车，未保护现场，致使交通事故责任无法认定的					各方承担同等责任
同等责任③当事人各方均有条件报案而未报案或者未及时报案，使交通事故责任无法认定的					各方承担同等责任

事故认定书是处理交通事故案件的最为关键、核心的证据，直接影响到各方当事人的切身利益，因此在法律审判案件时，法院常常直接采信事故认定书作为判案依据，按照事故认定书认定的比例，直接裁判侵权比例责任。

(三) 环境污染的参与度

近些年来，环境污染问题层出不穷，加之环境污染侵权的潜伏性、广泛性、综合性、连续性、反复性、表现形式多样性和受害人的劣势性等特点，无疑引发了世人的反思和立法者的思考。[1]在环境污染案件中，大多根据污染物排放量的参与度进行责任分担。

英国在环境污染共同侵权领域率先用分摊责任原则取代连

---

[1] 郭玉坤、郭萍：《海洋油污染纯粹经济损失赔偿标准探究》，载《大连理工大学学报（社会科学版）》2015年第2期。

带责任原则，美国从连带责任和与有过失规则趋向以过错为基础的侵权责任制度的转变亦是同理。[1]我国《民法典》采用无过错责任原则。日本采用"责任分割理论"。在数人环境污染侵权中，日本采用连带责任为原则，按份责任为例外的责任方式。我国侵权责任法采用的是依据污染物的种类、排放量等因素确定污染者承担责任的大小的侵权比例责任。实际生活中，环境污染问题仅依据污染物种类、排放量两个因素并不足以科学、准确地反映加害事实，判定侵权责任。而应综合考察污染者在环境污染中的参与度，依据参与度分担侵权责任。参与度确定主要依据以下因素：

1. 污染物种类

污染物种类是确定污染者最终责任大小的主要考量因素之一，对于污染行为对损害结果原因力和参与度的考察至关重要。污染物种类可能众多，确定重合度之后细分不同种类污染物的致害程度，结合损害性质，厘清致害原理，确定污染物致害程度，加之上述契合度的考量，方可得出科学的原因力或参与度大小的结论，进而确定最终责任份额大小。此外，也可以通过技术性考察、鉴定，各污染物生成新"反应物"的贡献大小定能确定，即判断污染行为与损害结果之间原因力大小，可以直接以此为据确定各污染者最终责任份额大小。

2. 污染物排放量

污染物排放量指污染源排入环境或其他设施的某种污染物

---

[1] 王世进、曾祥生：《侵权责任法与环境法的对话：环境侵权责任最新发展——兼评〈中华人民共和国侵权责任法〉第八章》，载《武汉大学学报（哲学社会科学版）》2010年第3期。

第三章　借鉴侵权比例责任的必要性及运用侵权比例责任的理论支撑

的数量。它是总量控制或排污许可证中进行污染源排污控制管理的指标之一。污染物排放量指标是从排放总量上进行控制，对企业污染源进行定量化、规范化、科学化的总量管理，强化环境管理的一项重大制度。

3. 其他因素

除考虑污染物种类、排放量两个因素之外，仍需综合考虑污染物排放距离及方位、排放方式、排放持续时间、污染物致害程度、侵权人是否具有污染处理设备、处理程度、污染物位移路径甚至可能影响污染物位移的风力风向等自然因素以及有无排污许可证、是否超过污染物排放标准、是否超过重点污染物排放总量控制指标等酌定。[1]环境污染侵权虽是无过错责任，但是过错和违法性尚可作为污染者责任承担份额大小的判断标准之一。

二、机会丧失

除了参与度的考量之外，机会丧失理论（Loss of a Chance Doctrine）也是确认侵权比例责任的依据之一。为了防止依传统理论出现不公平的情形，由美国学者 Joseph King 教授率先提出机会丧失理论。所谓机会丧失，是指将患者最初的生存机会，与经过医生的过失行为或不作为延误病情后剩下的生存机会，进行扣减，二者间相差的比例数值。[2]该理论的核心内容包括三个方面：一是损害赔偿的客体是"丧失的机会"；二是受害人

---

〔1〕 竺效：《论无过错联系之数人环境侵权行为的类型——兼论致害人不明数人环境侵权责任承担的司法审理》，载《中国法学》2011年第5期。

〔2〕 See Lars Noah, "An Inventory of Mathematical Blunders in Applying the Loss-of-a-Chance Doctrine", 24 *Rev. Litig.*, 369 (Spring, 2005).

只需证明加害行为导致机会丧失的事实；三是以受害人丧失的机会计算赔偿数额。[1] 无论受害人丧失之存活机会多寡，侵权人行为既已造成受害人机会丧失，即应承担其行为对其损害原因力的侵权比例责任，认定比例上的因果关系，进而成立侵权人的侵权比例责任。

机会丧失的损害赔偿最早出现英国，如 Chaplin v. Hick 案。[2] 此类案例由于丧失称为选美优胜者的机会，符合机会丧失理论适用的典型情形：构成违约损害赔偿责任，用机会丧失理论来计算赔偿金的数额，即是以丧失机会的比例作为损害赔偿的计算依据。

在侵权法上，为了避免"全有或全无"规则下侵权人过度赔偿或者受害人过度受偿的不公允现象发生，以美国为代表的一些国家开始将这一理论运用于医疗损害赔偿。如在 Grayson v. Irvmar Realty Corp. 一案[3]中，原告因交通事故丧失听力，失去歌剧相关职业的机会，最终法院判决予以赔偿。对于受害人因医生过失丧失存活机会，最后导致死亡的医疗纠纷案件，美国侵权法实务与学说大多放宽了事实因果关系和损害赔偿的认定标准，使受害人对医院具有损害赔偿请求权，并按照医疗过

---

[1] See Joseph King, "Causation, Valuation and Chance in Personal Injury Torts Involving Preexisting Conditions and Future Consequences", *Yale Law Journal*, 90 (1981).

[2] See Chaplin v. Hick, [1911] K. B. 786 (Eng. C. A.). 在该案中，原告参加了被告组织的选美比赛，并入选前 50 名。依据比赛规则，被告将对 50 名入选者进行面试，并从中挑选 12 名优胜者，奖项为与被告签订为期 3 年的表演合同。但被告违约未通知原告面试，原告最终未能成为 12 名优胜者之一。法院判决被告对原告获奖机会的丧失承担赔偿责任，赔偿金为 100 英镑。

[3] See 7A. D. 2d 436, 437 (N. Y. 1959). 原告是一个学歌剧的学生，但因交通事故丧失了听力，这使她再也不能从事歌剧职业，法官扣除了她原本可能不从事这一职业的几率，而对她丧失从事这一职业的机会进行计算。

第三章 借鉴侵权比例责任的必要性及运用侵权比例责任的理论支撑

失行为导致损害的可能性程度来认定原因力的比例,以此确定最终的损害赔偿责任。

机会丧失理论在法国的适用范围较为广泛。一方面,它不仅适用于避免未来损害发生的机会丧失的情形,也适用于避免过去损害发生的机会丧失的情形;另一方面,它不仅适用于发生经济损失的情形,也适用于发生人身伤害的情形。[1]受害人虽不能获得完全赔偿,但会根据丧失机会的比例获得部分赔偿。比利时和荷兰法院采用同样的侵权比例责任。[2]综上,机会丧失理论在我国应主要适用于以下情形:一是获得利益的机会丧失;二是避免损害的机会丧失。

机会丧失理论以侵权行为造成损害后果的盖然性的比例来判断医疗过失行为的原因力的比例,但无论比例的大小,只要有原因力,就认定因果关系存在,然后基于盖然性标准的原因力比例确定具体的赔偿份额。即根据被告过失引起最终损害发生的比例来确定可赔偿的损失,这种方法排除了"全有或全无"规则[3]。因而,传统理论中的确定性标准被进一步替代,盖然性标准的作用更为突出,原因力对于侵权责任成立和损害赔偿分担的量化作用更为彰显。特别是在人身损害案件中,如果侵权人的行为在相当程度上增加了危险几率,则补偿可能的受害人是公平的。侵权人须负担这种可能性,因为他或者是应该被

---

[1] 参见张民安:《现代法国侵权责任制度研究》,法律出版社2003年版,第96页。

[2] 参见张新宝:《侵权责任构成要件研究》,法律出版社2007年版,第339页。

[3] 陈聪富:《因果关系与损害赔偿》,北京大学出版社2006年版,第191页。另外,须指出的是,该实质可能性说不同于前文提到的因果关系中的实质要件规则说。同见该书此页论述。

谴责的，或者行为至少唤起了责任。由于受害人完全无辜，受害人的利益应当优先。[1]

关于机会丧失赔偿金的具体计算方式，英美法系存在两种不同的观点：一是 Joseph King 教授主张的"比例赔偿说"，[2]二是 S. E. Smith 教授提出的"法官自由裁量说"。[3]综合比较这两种学说，"比例赔偿说"在英美法系获得了较多的支持，即受害人最终遭受的损害乘以丧失机会的比例作为赔偿数额。在我国，虽然法律还没有承认，但是司法解释已经在一定程度上采纳了"比例赔偿说"，例如在共同危险责任的案件中，依据受害人的最终损害乘以侵权人过失大小或者原因力比例，侵权人各自承担相应的赔偿责任。

我国司法实务中，审理因医疗过失致使受害人丧失治疗机会的侵权案件时，虽未直接采用机会丧失理论，根据可能性的大小，分析侵权人行为对于受害人治愈或生存机会丧失的原因力，但在因果关系的成立上，实际考虑的是侵权行为与机会丧失之间的可能性的因果关系，并在损害赔偿中根据侵权行为原因力的大小决定责任的比例。例如，冯某因患病，先后去甲医院、某肿瘤医院就诊与化验。甲医院未告知冯某其所患病病症的性质、特点、危险性、注意事项以及可采取的治疗措施。冯某随后去某肿瘤医院进行了手术治疗。某肿瘤医院对冯某的诊

---

[1] 参见［荷］J. 施皮尔主编：《侵权法的统一 因果关系》，易继明等译，法律出版社 2009 年版，第 216~217 页。

[2] See Joseph King, "Causation, Valuation, and Chance in Personal Injury Torts Involving Preexisting Conditions and Future Consequences", *Y. L. J.* 90, 138, 1981.

[3] See Smith S. E., "Lost Chance of Survival in Illinois: The Need for Guideline from the Illinois Supreme Court", *L. U. C. L. J.* 23, 177, 1991.

第三章　借鉴侵权比例责任的必要性及运用侵权比例责任的理论支撑

断和治疗过程中,未履行告知和说明义务,导致冯某在初期本可采取有效治疗的情况下,未接受有效医疗建议。最终致使冯某错失了控制病情的宝贵治疗时机,病情加重。冯某认为初次去甲医院诊断,甲医院出具的诊断报告(实际是甲医院委托某医学检验公司作出的),但某医学检验公司在报告上表述不明确,导致冯某理解有误,并最终错失治疗良机,加重病情。冯某将甲医院、某肿瘤医院及某医学检验公司告上法庭。一审法院报上级法院,请求鉴定。司法鉴定结论是,甲医院及某肿瘤医院对被鉴定人冯某的医疗行为存在过错,该过错与其病情恶化导致的全身多处转移的损害后果之间存在因果关系,医疗错的责任程度以20%左右为宜(其中甲医院承担过错责任的60%,某肿瘤医院承担过错责任的40%)。一审法院结合司法鉴定意见,最终确定某医院承担冯某损害12%的赔偿责任,某肿瘤医院承担冯某损害8%的赔偿责任。冯某不服一审判决,提起上诉。二审中,鉴定机构认为患者的自身因素是主要因素,而二侵权人的过错是次要因素。鉴定机构没有必要对误诊误治给出具体的比例,而是综合医院的过错给出比例。二审法院认为,原审法院对鉴定结论的证据能力予以确认,并据此判定某肿瘤医院以及甲医院各自承担责任8%和12%的侵权比例责任,并无不当。最终驳回上诉,维持原判。[1]在此案中,法院一方面以冯某的病情恶化与侵权人的医疗过失行为之间不存在必然因果关系,否定了侵权人百分百的赔偿责任;另一方面也认为侵权人医疗过失行为与治疗预期后果有可能存在的因果关系,从而判决侵权人承担一定比例的赔偿责任。侵权人所承担的赔偿

---

[1] 详见(2015)三中民终字第09415号判决。

责任，实质上是根据加害行为的原因力，对受害人所丧失的存活机会的赔偿。

三、市场份额

在产品侵权责任纠纷中，常涉及市场份额责任。市场份额责任理论首次在1980年美国加州最高法院审理的使用己烯雌酚（diethylstilbestrol，DES）[1]造成损害的辛德尔（Sindell v. Abbott Labs）系列案（即"DES案"）[2]中运用并得以发展的一种理论。市场份额责任（Market Share Liability）理论，是指多家企业生产同类缺陷产品致人损害，现有证据不能证明具体是哪家企业的产品致害，生产同一产品企业各自按其产品市场占有份额，对被害人承担一定比例的赔偿责任的理论。

市场份额责任属于一种企业责任，主要是规范企业的产品责任。一般而言，"企业的市场份额越大，获得的利润就越大，应该承担的赔偿责任就越大"。[3]从归责的角度来看，市场份额责任是严格责任中的比较过失。市场份额责任理论已经对传统

---

[1] DES是一种人造雌性激素，早期主要用于更年期综合征、阴道炎、母乳匮乏等病症的治疗。后来研究人员发现DES能够有效降低流产率，于是经美国联邦食品药品管理局（FDA）授权，许多厂家开始生产保胎用的DES药物。据统计，从1947年到1971的20多年间，美国大约有300家企业生产并销售过DES药物。在1971年发现DES药物对胎儿有明显损害。FDA要求DES厂家明示其副作用及使用不当的后果时，已经有许多人因其母亲在孕期服用DES药物而受到伤害。See James A. Henderson, Jr. *Product Liability - Problems and Process* (2nd Edition), Little, Brown & Company Limited, 199-200, 1992.

[2] "辛德尔诉艾伯特实验室案"（Sindell v. Abbott labs，以下简称"辛德尔案"），原告辛德尔因母亲服用DES而罹患癌症。到原告起诉时已经无法辨明到底是哪些厂家的DES导致了她的损害，原告于是向5家当时占有市场份额最大的企业为被告提起诉讼。See Sindell v. Abbott Labs. , 607 P. 2d 924, 943 (Cal. 1980).

[3] 张新宝：《侵权责任法原理》，中国人民大学出版社2005年版，第391页。

第三章 借鉴侵权比例责任的必要性及运用侵权比例责任的理论支撑

的证据规则和责任原则产生了很大的影响。当法律专业进行可行性研究时，必须对其进行全面评估。

为了克服这些局限，学术界提出了"比例份额责任（proportional share liability）"[1]的概念。该观点认为，当法院在裁判侵权人之间分配责任时，市场份额不是唯一可以参考的因素。法院应结合多种因素（例如不同产品之间的危害比例），以使侵权人的产品不具有一致的风险。在发生危险性行为时，仍然可以根据市场份额推断出侵权人造成损害的可能性比例。在美国《第三次侵权法重述》的产品责任部分，使用了"侵权比例责任（Proportional Liability）"一词，并且在讨论中没有明确的替代性要求。[2]

在司法实践中，如果受害人想要求法院适用市场份额责任，则必须证明：一是其损失或伤害是由产品的缺陷引起的；二是相关产品存在同样的缺陷；三是起诉对象在市场上占有很大的份额。当侵权人难以证明其生产的产品不会对原告造成损害，原告向法院提出采取市场份额责任理论时，应考虑以下因素：产品本身的特征；伤害的潜伏期；受害者无法识别真正的侵权人；产品的缺陷与损害之间存在明显的因果关系；没有其他因素造成损害；有足够的市场份额数据。[3]

市场份额理论主要适用于：其一，不可能判断实际造成损害的侵权人的产品责任案件。其二，产品存在普遍固有的缺陷。假定有缺陷的产品具有相同的损坏，并且产品的销售量相当于

---

[1] See Allen Rostron, "Beyond Market Share Liability: A Theory of Proportional Share Liability for Nonfungible Products", 52 *UCLA L. Rev*, 151, 2004.

[2] Restatement of the Law, Third, *Torts: Products Liability* § 15.

[3] Restatement of the Law, Third, *Torts: Products Liability* § 15.

产品"给社会公众的人身安全造成危险的可能性比例"[1]。其三,产品是可更换的,包括功能互换性(functional inter-changeability);物理不可分辨(physical indistinguishability);风险的一致性(uniformity of risk),即"相同的缺陷(identically defective)"。其四,损害是显而易见的。其五,侵权时间是明确的。

市场份额责任的具体适用包括:第一步,认识到共同风险行为理论在特定侵权人不明的大规模产品侵权案件中的适用。第二步,通过基于市场份额的侵权比例责任在侵权者之间分配责任。应用市场份额责任的主要问题是收集市场份额数据。在应用市场份额责任的早期阶段,由于法院追求数据的准确性,需要获取与受害者直接相关的数据。例如,近几年广药集团与加多宝公司案件,就有全国饮料行业的市场份额统计数据。[2]这些统计数据减少了法院适用市场份额责任的障碍。[3]因此,越来越多的法院直接使用国家大数据分析作为判断的依据。例如,使用终端信息收集系统来分析市场份额,首先通过移动客户收集消费者动态信息,使用新的社交媒体进行市场调查,然后通过互联网进行定量调查和定性分析,最后整合到每个市场份额数据中。

市场份额责任多适用于产品责任侵权案件,在我国目前司

---

〔1〕 李响编著:《美国侵权法原理及案例研究》,中国政法大学出版社2004年版,第313页。

〔2〕 中国产业经济信息网有一篇发布时间为2013年1月22日的《2012年全国饮料行业逆势上涨,同比上年增长10%》的报道,称:"饮料市场占有率差异明显,凉茶市场前四强占比最高。这意味着凉茶市场份额高度集中:加多宝占比73%、王老吉占比8.9%、和其正占比4.3%、宝庆堂占比0.5%,这四家企业的销售量占行业总销量的86.7%。"

〔3〕 See Smith v. Eli Lilly & Co., 137 Ill. 2d 222, 560 N. E. 2d 324 (1990).

第三章　借鉴侵权比例责任的必要性及运用侵权比例责任的理论支撑

法实践中适用较少，仅有少部分案件提及市场份额，但在责任认定方面采用的仍然是《中华人民共和国产品质量法》的相关规定。如王某与某水泥有限公司的产品责任纠纷一案。王某购买了水泥产品，用于某小学新建附属工程，其使用的水泥品牌在当地区域有较大的市场份额，推定项目施工使用的水泥全部是某水泥有限公司生产的。由于工程出现质量问题，经建筑工程质量某监测站对项目使用水泥进行检测，检测出该水泥为不合格品。法院认为，生产者应当对其生产的产品质量负责。某水泥有限公司生产的水泥存在质量问题，属于不合格产品。该批水泥用于某小学新建附属工程，该附属工程因出现质量问题已予以拆除，由此造成的损失，某水泥有限公司应予以赔偿。本案的焦点有三个：一是产品造成损失，二是产品存在质量问题，三是产品占有很大的市场份额。因此在举证证明过程中，原告只需要证明其使用的产品是不合格产品，并造成了很大的损失即可。最终该案件得到法院的支持，获得相应的赔偿。

本章小结

目前，我国侵权责任法的归责原则依据过错、过错推定等因素解决了归责，但未解决责任承担的比例问题。在责任分担上，我国通常笼统适用连带责任，能够确定责任大小的适用按份责任，不能确定责任大小的适用公平责任。除了按份责任的责任分担准确，其他责任形式有待改善。

特别是在因果关系不明的情况下，我国侵权责任法要么判定因果关系不成立，不构成侵权；要么依据因果推定原则判定适用过错推定责任。这两种方式都不足以合理解决目前很多因果关系不明的侵权纠纷。只有比较当事人行为的原因力大小和过错程度大小，才能真正让侵权人承担自己的过错给他人造成损害的侵权责任。

确定侵权比例责任在关系范畴中是比较原因力和比较过错，在模态的范畴中形成了参与度、机会丧失原则和市场份额原则等理论依据。

第四章
侵权比例责任在我国侵权责任法中的实践探索

在我国，不论因果关系是否明确，采用的都是广义侵权比例责任概念。虽然理论上，目前还没有很多"侵权比例责任"研究，但我国对于侵权比例责任已有相当的关注。主要体现在两个方面：一方面是立法领域对于侵权比例责任的认可态度，另一方面是司法实践领域对于侵权比例责任的深入探索。在立法方面，一是《民法典》第1172条规定，共同危险行为中，能够确定责任大小的，侵权人根据各自过错和原因力大小，承担相应的侵权比例责任[1]；《民法典》第1231条中关于环境污染责任的规定，根据环境污染的污染物的种类、排放量等因素，按比例分担责任。[2] 二是2004年起施行的《最高人民法院关于审理人身损害赔偿案件适用法律若干问题的解释》（以下简称

---

[1]《民法典》第1172条规定：二人以上分别实施侵权行为造成同一损害，能够确定责任大小的，各自承担相应的责任；难以确定责任大小的，平均承担责任。

[2]《民法典》第1231条规定："两个以上侵权人污染环境、破坏生态的，承担责任的大小，根据污染物的种类、浓度、排放量，破坏生态的方式、范围、程度，以及行为对损害后果所起的作用等因素确定。"

《人身损害赔偿司法解释》)延续了前述思路和成果,并曾在第 3 条第 2 款中明确提及了"比例"一词,制定了按照过失大小或者原因力比例分担责任的规则。但该规定已于 2020 年修正时删除。[1]三是《医疗事故处理条例》第 49 条第 1 款也规定了参考原因力大小来确定具体赔偿数额的内容;[2]四是已经失效的《最高人民法院关于审理触电人身损害赔偿若干问题的解释》(以下简称《触电人身损害赔偿司法解释》)第 2 条第 2 款[3]曾经规定了按照原因力大小确定责任份额。

以下结合侵权比例责任在我国司法实践中的运用,进行具体分析。侵权比例责任在我国司法实践中已广泛适用,近些年有 4634 起案件[4],特别是通过比较原因力和比较过错,最终按照一定比例分担侵权责任。

案件包括以下 11 种:①交通事故责任纠纷,多个侵权人之间或侵权人与受害人之间的侵权比例责任;②提供劳务者

---

[1]《人身损害赔偿司法解释》第 3 条第 2 款规定:"二人以上没有共同故意或者共同过失,但其分别实施的数个行为间接结合发生同一损害后果的,应当根据过失大小或者原因力比例各自承担相应的赔偿责任。"

[2]《医疗事故处理条例》第 49 条第 1 款规定:"医疗事故赔偿,应当考虑下列因素,确定具体赔偿数额:(一)医疗事故等级;(二)医疗过失行为在医疗事故损害后果中的责任程度;(三)医疗事故损害后果与患者原有疾病状况之间的关系。"

[3]《最高人民法院关于审理触电人身损害赔偿案件若干问题的解释》(以下简称《触电人身损害赔偿司法解释》)第二条第二款规定:"但对因高压电引起的人身损害是由多个原因造成的,按照致害人的行为与损害结果之间的原因力确定各自的责任。致害人的行为是损害后果发生的主要原因,应当承担主要责任;致害人的行为是损害后果发生的非主要原因,则承担相应的责任。"该解释已于 2013 年 4 月 8 日失效。

[4]详见"中国裁判文书网",查询关键词"民事责任+侵权责任+侵权比例责任"。

第四章　侵权比例责任在我国侵权责任法中的实践探索

损害责任纠纷，雇主和雇员之间或者雇主和第三人之间侵权比例责任；③生命权、健康权、身体权纠纷，侵权人和受害人之间的侵权比例责任；④医疗损害责任纠纷，医患之间侵权比例责任；⑤物件脱落、坠落损害责任纠纷，多个侵权人之间的侵权比例责任；⑥环境侵权责任纠纷，多个侵权人之间的侵权比例责任；⑦产品侵权责任纠纷，同类产品的多个生产商之间的侵权比例责任；⑧合同纠纷；⑨追偿权纠纷；⑩公共场所管理人责任纠纷；⑪其他侵权纠纷。这些案件中，不论因果关系是否成立，都属于广义上的侵权比例责任适用。

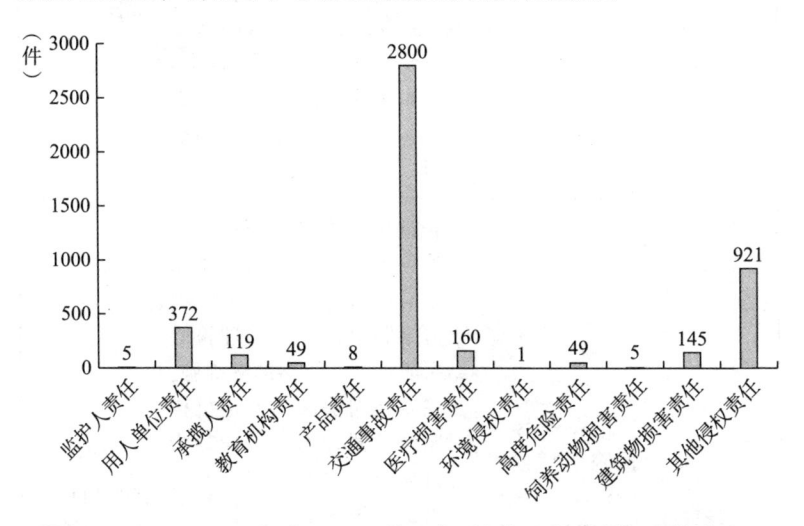

图4-1　2009~2023年我国4634件民事"侵权比例责任"案件统计图

责任类型	件数
监护人责任	5
用人单位责任	372
承揽人责任	119
教育机构责任	49
产品责任	8
交通事故责任	2800
医疗损害责任	160
环境侵权责任	1
高度危险责任	49
饲养动物损害责任	5
建筑物损害责任	145
其他侵权责任	921

结合上述适用侵权比例责任的各类案件，通过查阅"法律文书裁判网"中4000多个案例，筛选出下列相关的典型案例，根据案件类型、案情与判决要旨，总结出各类案件的侵权比例责任分担。具体情况如下：

表4-1 侵权比例责任分担典型案例分析

序号	案件类型	案件名与文书号	案情与判决要旨	侵权比例责任分担
1	非机动车与非机动车之间发生的交通事故责任	"吴某芬与曹某交通事故损害赔偿案",(2012)苏中民终字第1777号	被告骑无号牌电动车与原告电动三轮车发生相撞,致原审原、被告受伤,车辆损坏。交警部门对事故现场调查后查明,被告驾驶经检验制动不符合安全技术要求的无牌证电动车上道路行驶。原告未与前车保持足够的安全距离,且车速较快,遇到突发事件时制动不合格是导致本起事故发生的另一因素。根据比较过错和原因力的方法进行综合分析,双方过错相当。	原告、被告各承担50%的侵权比例责任。
2	医疗损害责任	"牛某泉与某医院医疗损害责任案",(2018)甘02民终410号	原告被诊断为食管癌前往被告处手术治疗。被告在手术中未与原告家属沟通的情况下清除肿瘤,后期病理检验结果证实未见转移的癌细胞。法院委托司法医学鉴定机构对原告脏器损伤与诊疗行为过错参与度进行鉴定。鉴定结果认定被告的诊疗行为存在过错,但过错责任轻微,过错参与度以25%为宜。通过比较过错医疗行为与原发病对于损害后果的原因力大小,法院才能依据鉴定机构作出的原因力大小的鉴定意见作出判决。	被告承担25%的侵权比例责任。

第四章 侵权比例责任在我国侵权责任法中的实践探索

续表

序号	案件类型	案件名与文书号	案情与判决要旨	侵权比例责任分担
3	提供劳务者受害责任	"长沙市芙蓉区某门业经营部、陈某革、某保险有限公司提供劳务者受害责任案",（2017）湘01民终11号	原告受雇于被告，接受被告的工作安排，在为被告提供搬运大门的劳务过程中，被大门砸伤。被告作为雇主，存在没有为雇员提供充分的劳保条件的过错。原告则作为完全民事行为能力人，自身对劳务过程中的安全问题注意不够，也存在过错。比较过错程度，本案以确认原告与被告按30%：70%的比例分担责任为宜。	原告承担30%，被告承担70%的侵权比例责任。
4	财产损害责任	"胡某青与东阿县某物流有限公司、侯某峰财产损害赔偿案",（2016）鲁15民再5号	原告的重型自卸车挂靠于被告物流公司名下，双方签订了车辆挂靠管理协议，但该车辆的实际所有权及运营权归原告所有。被告无故把该车辆扣留，导致原告无法营运，造成了极大的经济损失，要求赔偿。法院认为原、被告均存在过错，在混合过错下，划分、确定责任一般综合考虑双方的比较过错和造成损害结果的原因力，从而来确定划分双方的责任范围。综合考虑原审被告对涉案车辆的管理职能、过错程度、扣车行为的前因后果和原审原告自身对事情发生、对营运损	原告承担70%，被告承担30%的侵权比例责任。

续表

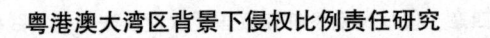

序号	案件类型	案件名与文书号	案情与判决要旨	侵权比例责任分担
			失扩大的过错程度及原因力大小,并考虑到运输业的行情,为衡平各方利益,确定分担责任。	
5	医疗过错责任	"上诉人黄某某与被上诉人柳州市某医院医疗事故损害赔偿案",(2014)柳市民三终字第6号	原告到被告医院顺产,其子发生脑瘫。法院认为医疗机构应当在其过错和因果关系范围内,根据医疗过错参与度确定医疗损害主体的赔偿责任范围和比例。法院采纳了司法鉴定中心的鉴定意见,被告的诊疗行为基本符合医疗规范,但存在一定过失,该过失与受害人目前情况无直接因果关系,但不排除存在一定的间接因果关系,被告的过错参与度考虑以不超过5%为宜。法院认为公平合理,予以采纳。	被告承担5%的侵权比例责任。
6	提供劳务者受害责任	"梁某、邹某某等侵权责任纠纷案",(2023)粤01民终15274号	本案系各方对胡某某在提供劳务过程中受伤的损害后果的责任承担引起的纠纷。2021年8月,梁某承包了广州市番禺区龙福路23号渡头联队市场内的旧铁棚换新工程。2021年9月11日晚,胡某某在上述工程的工地拆除物架,	经三方协商一致,同意以8万元为基数分配各方承担的责任比例,其中甲方承

第四章　侵权比例责任在我国侵权责任法中的实践探索

续表

序号	案件类型	案件名与文书号	案情与判决要旨	侵权比例责任分担
			在剪电线时触电并从架子上跌落地面受伤。事发时，胡某某未佩戴相关安全带及安全帽等，且梁某、邹某某均在现场。2021年11月4日，梁某（甲方、总包方）、邹某某（乙方、分包方）及胡某某（丙方、伤者）签订《赔偿协议书》。梁某作为涉案整体工程的承包方在未确保断电的情况下指示胡某某进行剪电线等拆除工作，存在过错，应对胡某某的人身损害后果承担相应的赔偿责任。梁某、邹某某以及胡某某在事发后签订上述赔偿协议书，是为解决胡某某因本事故造成的损失赔偿问题签订的，系各方的真实意思表示。一、二审法院均支持各方按约定比例履行责任，故支持梁某主张胡某某返还比约定多支付的4800元。	担45%责任，乙方承担40%责任，丙方承担15%责任。一、二审法院均认定上述赔偿协议系各方的真实意思表示，各方应按约定履行。
7	饲养动物损害责任	"李某艾与邓某、陈某宁等饲养动物损害责任案"，	被告一是涉案烈性犬的饲养人；被告二牵引该烈性犬进入公共场所，是该烈性犬的管理人；被告三接受被告一的委托，在自己的工作场所为被告	被告一承担60%的责任；被告二承担20%的责任；被告

187

续表

序号	案件类型	案件名与文书号	案情与判决要旨	侵权比例责任分担
		（2016）湘04民终1061号	一看管涉案烈性犬，被告三也应承担该烈性犬的管理人职责。原告上学途中等候公交车时，没有对涉案烈性犬实施任何挑逗行为，被狗扑倒并多处咬伤。三被告应共同承担赔偿责任。被告一饲养人违反法律规定，饲养禁止饲养的烈性犬，具有重大过错，承担主要民事责任；被告二违反有关规定，牵引猎犬进入公共场所，造成他人损害，具有一般过错，承担次要责任；被告三临时饲养人和管理人过错相对较小。	三承担20%的责任。
8	运输合同纠纷	"徐某芹与某公共交通集团有限公司城市公交运输合同案"，（2018）鲁0811民初3338号	原告乘坐被告公交车，由于车厢内存在积水，导致原告滑倒受伤。法院认为，原、被告双方合同关系成立，原告上车后受到损伤应适用比较过错原则来确定被告应承担的赔偿责任。原告在公交车辆停稳上车时因车厢内有水而摔倒受伤，原告作为完全民事行为能力人，应当注意地面上的水污，却在上车后没能注意，这是造成其受伤的原因之一。根据上述比较过错原则，原告应当对其损害后果承担一定比例的责任。	原告承担30%，被告承担70%的侵权比例责任。

第四章 侵权比例责任在我国侵权责任法中的实践探索

续表

序号	案件类型	案件名与文书号	案情与判决要旨	侵权比例责任分担
9	触电事故责任	"刘某群与四川某通信工程服务有限公司、国网四川省电力公司某供电公司等触电人身损害责任纠纷案"（2017）川14民终347号	原告在被告一围墙边活动时，用手撩拨光纤线被电击伤。法院认为本案中，刘某群触电受伤系多个原因造成，应当按致害人的行为与刘某群的损害结果间的原因力确定各自的责任。事发地周围没有高压危险或足以引起刘某群注意的警示标志，刘某群所通过的地方也不是学校禁止通行的地方，故刘某群对本次事故不承担民事责任。对原告因触电受伤所造成的损失，由被告二供电公司、被告三某通信工程服务有限公司负主要责任，被告一负次要责任。	被告一承担10%的责任；被告二承担45%的责任；被告三承担45%的责任。
10	两次交通事故责任	"中国人寿财产保险股份有限公司某支公司、苏某容机动车交通事故责任纠纷案"，（2017）粤04民终1872号	被告一驾驶轻型普通货车，与由南往北方向横过道路的原告发生碰撞，原告受伤倒地后，再次被被告二驾驶小型普通客车拖撞，造成原告重伤。交警部门认定：第一次事故中，被告一与原告负同等责任；第二次事故中，被告二负主要责任，被告一负次要责任，原告无责任。法院认为由于两次事故结合共同导致原告受伤，而双方又无法区分两次事故对原告造成伤害的程度，故一审法	被告一承担45%的责任；被告二承担35%的责任；原告承担20%的责任。

序号	案件类型	案件名与文书号	案情与判决要旨	侵权比例责任分担
			院认定两次事故的原因力比例均为50%，又因原告是非机动车一方，结合本地司法实践，一审法院认定在第一次事故中，被告一承担60%的责任，原告承担40%的责任；第二次事故中，被告二承担70%的责任，被告一承担30%的责任。	

以上是我国目前常见侵权比例责任的典型案例。下面结合第二章对侵权比例责任的分类，分析各类侵权比例责任在我国司法实践的适用。主要从以下三个方面探究：一是各比例责任类型有没有必要引入我国司法实践；二是比较同类型案件中，我国目前法律解决方案和侵权比例责任方式，分析哪种解决方案更好、更精确；三是如何将侵权比例责任与我国实践相结合，也就是侵权比例责任在我国现有侵权法律中的相容性。

笔者在 Israel Gilead，Michael D. Green，Bernhard A. Koch 的分类基础[1]上，依据我国侵权责任构成要件即损害、过错、因果关系，尝试从侵权主体、因果关系、损害三个维度来透视侵权比例责任。侵权主体不确定对应的是侵权人不确定和受害人不确定的侵权比例责任问题；因果关系不确定对应的是侵权人与受害人

---

[1] See Israel Gilead, Michael D. Green, Bernhard A. Koch, *Proportional Liability: Analytical and Comparative Perspectives*, Walter de Gruyter GmbH, Berlin/Boston, 12~17, 2013.

第四章　侵权比例责任在我国侵权责任法中的实践探索

之间的因果关系不确定和致害具体原因不确定的侵权比例责任问题；损害不确定对应的是机会丧失的损害不确定、多数人侵权各自损害不确定、其他原因造成损害不确定、造成的未来损害完全不确定和造成未来损害的程度不确定等的侵权比例责任问题，以及复合型的侵权比例责任问题。具体改进型的分类如下图：

```
比例责任类型
├── 侵权主体不确定型
│   ├── 侵权人不确定——A1子类型
│   └── 受害人不确定——A3子类型
├── 侵权关系不确定型
│   ├── 侵权人与受害人之间因果关系不确定——A2子类型
│   └── 致害具体原因不确定——A4子类型
├── 具体损害不确定型
│   ├── 可能性的损害不确定——A5子类型
│   ├── 多数人侵权各自损害不确定——B1子类型
│   ├── 非侵权人的原因造成的损害不确定——B2子类型
│   ├── 未来损害完全不确定——C1子类型
│   └── 未来损害的程度不确定——C2子类型
└── 复合型
```

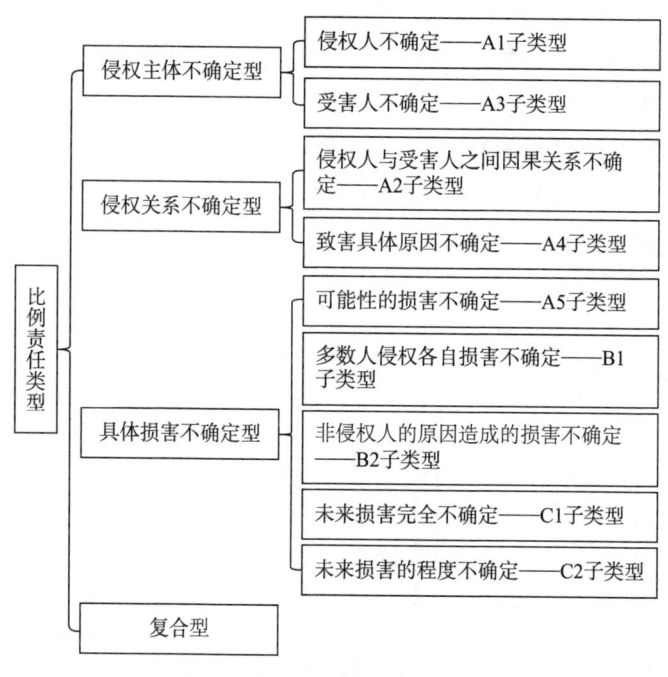

图 4-2　侵权比例责任类型

下面结合我国侵权责任法现有理论和司法实践，首先说明各种具体类型的认定，其次结合此类型的相关案例分析现有解决方案，接着对此类现有方案进行评估，最后分析引入侵权比例责任的理论支撑和实践完善途径。此种研究有助于在我国现有法语境中分析侵权比例责任的理论基础和实践意义，有利于我国侵权责任法全方面、多层次、立体化地保护受害人的权益，有益于建立更加公正、公平、稳定、和谐的社会主义法治体系。

侵权比例责任在我国侵权责任法中的实践探索中，通常"具体侵权人不确定"和建筑物中抛掷物品案件相结合；"受害人范围不确定"和环境污染案件相结合；"侵权人与受害人之间的因果关系不确定"和大规模产品侵权案件相结合；"具体致害原因不明"和医疗纠纷案件相结合；"损害全部不确定"和机会丧失案件相结合；"多数侵权人所致损害部分不确定"和多个车辆造成的交通事故案件相结合；"造成受害人部分损害的其他因素不确定"和提供劳务者损害案件相结合，依据双方各自的原因力和过错分担侵权比例责任。

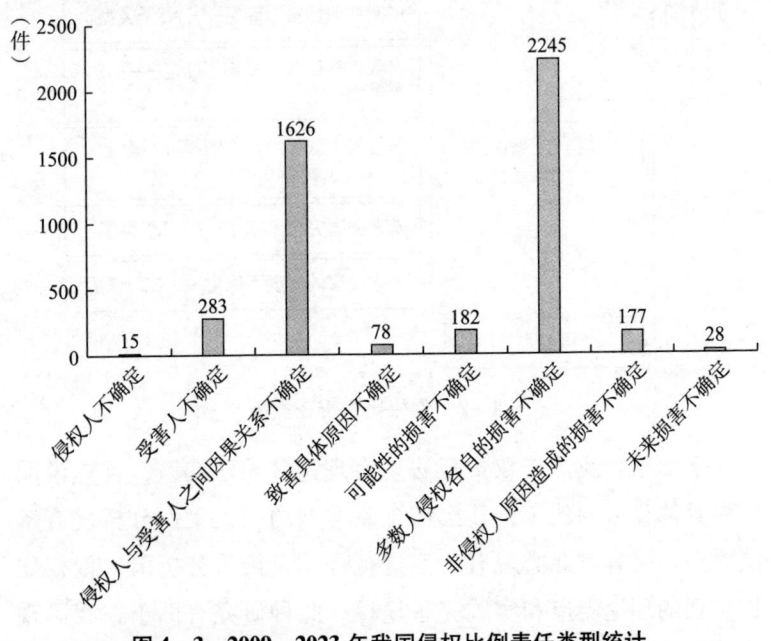

图 4-3　2009~2023 年我国侵权比例责任类型统计

第四章 侵权比例责任在我国侵权责任法中的实践探索

第一节 "侵权主体不确定型"侵权比例责任在我国司法实践的探讨

一、侵权人不确定的情况——原 A1 子类型

王利明教授将侵权人不确定称为加害人不明,侵权人不确定的情形通常发生在共同侵权中,是指在实施了具有致害可能性行为的数人中,无法确定具体损害后果由哪一部分侵权人的行为造成。[1]侵权人不确定的共同侵权行为,是指两人或两人以上行为人共同实施可能造成损害的行为,并已经造成他人的合法民事权益受到损害,但又无法查明哪位或哪几位侵权人造成损害(共同实施某种可能致人损害行为,我们称作侵权人不确定的共同侵权)。它与一般的共同侵权有本质的区别,因此上述的侵权人不确定的共同侵权不属于一般的共同侵权行为。

侵权人不确定的共同侵权较之于一般共同侵权行为来说,具有以下几个主要特征:一是侵权行为人方面。实际侵权人仅为不明共同侵权人的一部分。在一般的共同侵权行为中,损害的结果是由全体共同侵权人的共同行为引起的,两者在这一点上存在根本差异。二是侵权人主观方面,无共同侵

---

[1] 王利明:《论共同危险行为中的加害人不明》,载《政治与法律》2010年第4期。王利明教授提出此处所说的加害人不明,并非指实际从事危险活动的行为人不明,而是指这些人中到底谁的行为造成了损害结果不明确,换言之,这是具体造成损害的加害人不明。

权损害的"意思联络"。三是侵权行为方面,诸行为之间并无牵连。四是证明方面。受害人无法举证证明致害行为的实际施行者,实际侵权人无法确定。五是共同侵权概念方面。"不确定共同侵权人"是一个虚拟化的概念,它只是对与损害结果可能相关的某一具体群体的一种推定概括,无法查明是谁实施的。

侵权人不确定通常发生在不明抛掷物、坠落物的损害情形中,例如著名的烟灰缸案(高空坠物第一案)。2000年5月11日,郝某在重庆市渝中区学田湾正街被一个从高楼上掉落的3斤重的烟灰缸砸成重伤。后经法医鉴定,郝某为八级伤残。此案中因侵权人不确定郝某一家将可能丢烟灰缸的学田湾正街65号、67号临街的24家住户及开发商告上了渝中区人民法院,要求众被告共同承担医疗费等共33万余元。

(一)现有法的解决方案

传统中,具体侵权人不确定的共同侵权民事赔偿案件,共同侵权人一般承担连带责任,并从以下三个方面考虑:

第一,适用过错推定归责原则。为了使受害者免于证明侵权人的过错责任,更容易确立诉讼请求,同时,无辜的"侵权人"机会免除责任,更有利于保护受害者的合法权益。在处理加害人不确定的共同侵权的民事赔偿案件时,应当适用过错推定原则。采用这一原则的原因是,一方面,受害者的合法公民权利确实受到不合理的侵犯,且损害结果直接归因于不明共同侵权人的不法行为。另一方面,不明共同侵权人客观上均存在致人损害的可能性,即对损害结果均负有不可推卸的责任。

第二,采用举证责任倒置的原则。此情形可以采用举证责

第四章　侵权比例责任在我国侵权责任法中的实践探索

任倒置的原则，因为这种案件的特殊性，举证责任倒置更公平、实用。也就是说，只要受害人遭到损害结果就推定不明共同致损人均有过错，受害人只需要证明自己受到损害，则推定加害者需要承担责任，并共同分担责任。

第三，责任分担依据原因力。此类损害后果因无法查明是哪个侵权人所为，只能认定为是一个不可分割的整体，侵权人对外对受害人承担连带责任；而对内，由于每个行为人的行为都可能造成损害结果的发生，又不能确定原因力的大小，因此应当以平均分担的方法确定每个行为人的责任份额。

目前侵权人不确定案件或称加害人不明的案件中，最常见的是抛掷物致人损害案件，以下将作为解释的示例。在抛掷物致人损害案件中，通常会实行因果关系的推定。因果关系推定意味着受害人不需要证明因果关系的要件，只需证明加害人造成损害，就推定因果关系的存在。

我国《民法典》第177条[1]关于难以确定责任大小的按份责任，平均承担责任的规定和《民法典》第1166条关于损害他人民事权益应当承担侵权责任的规定和《民法典》第1172条[2]关于不能确定侵权责任大小的平均承担责任的规定，是公平责任原则的重要法律依据。因此，在高楼抛掷物致人损害的案件中通常适用公平责任归责原则。

---

[1]《民法典》第177条规定："二人以上依法承担按份责任，能够确定责任大小的，各自承担相应的责任；难以确定责任大小的，平均承担责任。"

[2]《民法典》第1166条规定："行为人造成他人民事权益损害，不论行为人有无过错，法律规定应当承担侵权责任的，依照其规定。"《民法典》第1172条规定："二人以上分别实施侵权行为造成同一损害，能够确定责任大小的，各自承担相应的责任；难以确定责任大小的，平均承担责任。"

前述案件中，从建筑物中抛掷物品或者从建筑物上坠落的物品造成他人损害，难以确定具体侵权人，属于具体侵权人不确定类型。法院认定，依据过错推定原则，除被告能够证明自己不是侵权人之外，所有可能加害的建筑物使用人应当承担赔偿责任。前述"烟灰缸案"中，渝中区人民法院审理认为，除了搬离的两家住户外，上述住户均不能排除扔烟灰缸的可能性。根据过错推定原则，22家住户分担赔偿责任，各赔偿8101.5元。一审判决后，22家被告住户不服上诉。2002年6月3日，重庆市第一中级人民法院维持原判。

（二）现有方案的评估

以前大多数抛掷物责任案件都采用平均责任，但现在很多案件努力查明案件原因，逐渐实行侵权比例责任。过去在确定责任范围的时候常考虑公平原则，该种情形适用公平责任引发很多问题：第一，公平原则的适用违反了法律的公平正义。虽然抛掷物责任的依据是《民法典》第1254条第1款规定[1]，建筑物中抛掷物品或者坠落的物品造成他人损害，由侵权人依法承担侵权责任；经调查难以确定具体侵权人的，由可能加害的建筑物使用人给予补偿。受害人可以该条款为请求权基础主张权利。抛掷物致人损害，在责任成立上适用的是过错推定责任。在责任分担上，兼过错责任原则和公平责任原则。难以确定责任大小时采用公平责任原则，公平分配损失，不利于民事

---

[1]《民法典》第1254条第1款规定："禁止从建筑物中抛掷物品。从建筑物中抛掷物品或者从建筑物上坠落的物品造成他人损害的，由侵权人依法承担侵权责任；经调查难以确定具体侵权人的，除能够证明自己不是侵权人的外，由可能加害的建筑物使用人给予补偿。可能加害的建筑物使用人补偿后，有权向侵权人追偿。"

第四章 侵权比例责任在我国侵权责任法中的实践探索

纠纷的合理解决，也激化没有实施侵权行为人与受害人之间的矛盾。

第二，适用公平责任并没有兼顾业主和受害人的利益衡平。抛掷物侵权责任的确定及分担损害赔偿，保护受害者的基本人权，以及通过分配促进社会和谐和公共安全的责任来最大化公共福利和社会福利，就必须适当平衡各方的利益。一方面，考虑受害人的利益，要求行为人承担损害赔偿责任；另一方面，有可能造成损害的业主应该对其过错行为负责。虽然法律上并没有明确没有说全部业主都是过错行为人，但法院判决他们承担赔偿的法律责任就意味着他们有过错。这显然是利益分配的不平衡。

第三，公平责任增加法官的自由裁量权的负担。首先，责任范围是根据过错推定原则确定的；其次，根据公平责任分担无法确定责任大小。公平责任依赖法官内心的公平观念在归责时发挥作用，对法官的素养要求很高，而且断案的个人主观性过强，不利于侵权法的威慑力。同时没有实施侵权行为人承担公平责任也让法律失去威信，不能服众。

总之，在"侵权人不确定的共同侵权行为"中适用过错推定的归责原则，确定侵权责任的成立，而在责任承担方面采取连带责任或公平责任，存在明显不合理之处。一是归责原则的混合适用，先是适用过错推定的原则确定侵权赔偿责任的成立，后又适用公平责任的归责分担侵权责任。两种归责原则的混合适用，体现出侵权法适用上的繁琐、混淆、不统一，不利于案件归责的判断；二是无论是按照连带责任还是按照公平责任分担侵权责任，对于没有实施侵权行为人显然不公，都不能体现侵权法的公正、精准，不能实现侵权法的威慑，这些分担方式仅仅是退而求其次的替代方式。

(三) 引入侵权比例责任的探索

1. 理论的支撑

《民法典》第 1254 条第 1 款所确定的补偿责任根本就不是一项侵权责任。如果采用侵权比例责任，缩小可能侵权人的范围，依据科技手段查明侵权可能性，更根据英国学者贝叶斯定理[1]，计算各自侵权比例责任。而且，建筑物抛掷物造成损害的侵权责任中强调"可能"加害人，采用的是推定因果关系说，也叫作盖然性因果关系说，此处的可能性就是盖然性，有些国家也称其为"优势证据"归责。因此，抛掷物的加害人可能性就是判断建筑物使用人侵权比例责任的依据。

2. 实践的完善

在抛掷物致人损害的情况下，对于加害人不明的侵权行为的判定是事实因果关系的判断。如果使用所有现代技术，将加害人缩至最小的范围，应当按过错比例或原因力比例分担责任。

侵权比例责任的适用实际上有三个方面需要考虑：其一，不论共同侵权行为与受害人损害是否存在因果关系，都认定侵权责任成立。此种因果关系推定，是过错推定归责原则。其二，在确定侵权人需要赔偿之后，通过比较共同侵权人的过错程度和原因力大小，确定赔偿比例。在比较共同侵权人的过错程度和原因力时，可以使用先进的科学技术尽可能地确定加害人的范围，甚至确定具体的相关加害人。其三，在侵权比例责任的

---

〔1〕 贝叶斯法则又被称为贝叶斯定理、贝叶斯规则，是概率统计中应用所观察到的现象对有关概率分布的主观判断（即先验概率）进行修正的标准方法。

第四章 侵权比例责任在我国侵权责任法中的实践探索

情况下,尽可能多地赔偿受害人。由于我们已确定抛掷物致人损害责任在赔偿范围问题上适用侵权比例责任,因此损害赔偿的范围内,综合考虑判令加害人作出适当比例的赔偿。简而言之,首先由法官根据合理的考虑确定是否需要补偿,其次确定应向受害者赔偿的补偿总额,再次比较加害者之间的过错和原因力,最后按可能造成损害的比例分担责任。

二、受害人不确定的情况——原 A3 子类型

受害人不确定是指受害人受害可能性不确定,侵权人的行为确已构成侵权,不是所有受害人所受损害的可能性都确定。也就是说同样的致害,有的受害人因此遭受的损害是 80%,有些受害人因此遭受的损害是 20%,不能确定受害人所受损害的可能性。不能确定的原因有两个:一是目前侵权人的行为已经构成损害,受害人还没有发现或意识到自己受到损害;二是有多个侵权人,可能受到此侵害的人还不能确定。王泽鉴教授认为这并不是因果关系,而是证明的问题,为了保护受害人,应当减轻举证责任的困难。[1] 笔者认为,在多重污染源混合侵权案件中,不同污染物造成损害也不同,因此可能受到此侵害的人不能确定,但可以确定造成受害的范围。从这个意义上说,多者择一的因果关系就是共同危险行为。

这种情况常导致受害人受害可能性不能确定,尤其是在环境侵权案件中受害人受害可能性不确定。如"陈某诉广西某糖纸有限责任公司、南宁某纸业有限公司等海上、通海水域污染

---

[1] 参见王泽鉴:《侵权行为》,北京大学出版社 2009 年版,第 189 页。

损害责任纠纷"案件。[1]陈某在河段养鱼,连续发生多起网箱养殖鱼类死亡事故。经查证明三家公司均排放了可能造成其养殖鱼缺氧致死的污染物,并且该污染物到达了损害发生地,陈某请求三被告赔偿。同样的污染还可能存在很多受害人,但受害人受害可能性暂时不能确定。以下以环境侵权案件为例,进行分析。不能确定受害人受害可能性的原因主要有:

其一,科学认识不足,造成受害人受害可能性不确定。因科学认识不足的因果关系往往存在于某类案件的全部或者绝大部分之中[2],而在环境侵权案件中有相当数量的案件都难由现有科学技术去准确认定。其二,污染者是否存在赔偿责任决定受害人受害可能性。在环境侵权因果关系不确定的情形下,污染者是否应当赔偿以及在什么情况下应当赔偿是个需要解决的问题。其三,受害人的举证责任影响确定受害人受害可能性。由于非法排污行为大多具有隐蔽性,向水体、大气排放污染物,易于扩散,受害人很难提交确凿的证据以证明污染者的污染行为具体造成的环境损害。

上述案件法院综合全案酌情考虑,该院认定:强降雨导致各种污染源汇入江水所输出的有机污染物与死鱼损害后果的原因力比例,造成受害人受害的可能性75%;沿江生产企业正常排放生产废水所输出的有机污染物与死鱼损害后果的原因力比例,造成受害人受害的可能性是25%。

(一)现有的解决方案

我国环境污染损害的认定问题主要是参照《民法典》第

---

[1] 详见(2016)桂民终207号民事判决。
[2] See Jaap Spier, *Unification of Tort Law*, Kluwer International 6, 2000.

第四章　侵权比例责任在我国侵权责任法中的实践探索

1229条规定，侵权人应当承担造成损害的侵权责任，以及《民法典》第1231条关于数个侵权人污染环境的责任分担的规定。2023年《最高人民法院关于生态环境侵权民事诉讼证据的若干规定》（以下简称《环境侵权证据规定》）第5条规定，原告应当提供被告行为与损害之间具有关联性的证据[1]。但关联性是实际证明侵权行为与侵权结果之间的因果关系。德国学者的刻度盘理论可以为证明标准提供一个具体化的视角。刻度盘的两端分别设置为0和100%，分别为绝对不可能与绝对肯定；并且在此之间分为四级，其中第一级（1%~25%）为非常不可能，第二级为不太可能（26%~49%），第三级为大致可能（51%~75%），第四级为非常可能（76%~99%），50%则代表着可能与不可能同时存在[2]。

环境污染侵权赔偿责任的裁量问题是环境污染案件的难点，很多情况下，生态环境修复费用并非某个精确的数值，而是某个数值区间。在此情况下对生态环境损失的计算，就应当更多地考虑环境司法的社会功能，应当从有助于发挥环境司法功能的角度出发，合理确定计算系数。

（二）现有方案的评估

《民法典》第1229条确认污染者应承担侵权责任，《民法典》第1231条规定污染侵权内部责任分担，《环境侵权证据规定》第5条确定污染侵权行为与损害赔偿之间的因果关系。《民

---

[1]《最高人民法院关于生态环境侵权民事诉讼证据的若干规定》第5条第1款规定：原告起诉请求被告承担环境污染、生态破坏责任的，应当提供被告行为与损害之间具有关联性的证据。

[2] 参见［德］汉斯·普维庭：《现代证明责任问题》，吴越译，法律出版社2000年版，第108~109页。

法典》第1172条规定[1],各自承担相应的责任,不能确定责任大小采平均责任。《民法典》第1168条及《最高人民法院关于审理生态环境侵权责任纠纷案件适用法律若干问题的解释》(以下简称《生态环境侵权司法解释》)第5~7条明确阐释了,环境污染的结果是因为多个人导致的,对外承担连带责任。现如今环境污染问题的复杂性、严重程度和潜在危害性日益加剧,适用连带责任将带来以下弊端:

一方面,适用连带责任,也许会使污染物排放较少或者对损害结果发生原因力较弱的企业承担过重的责任。另一方面,承担了所有赔偿责任的侵权人,为维护自己的权益,势必会通过法院行使追偿权。在数人环境污染侵权案件处理中,应该依据污染者各自的行为对环境污染的发生有多大的"贡献力"(参与度),考量各个污染侵权人的责任比例,才能达到侵权人和受害人的利益平衡。

(三)引入侵权比例责任的探索

1. 理论的支撑

我国关于确定环境污染者之间究竟如何合理分担各自比例的依据是《民法典》第1231条的内容,此条文规定的是对侵权人之间内部份额负担的划分。其一,调查各个环境污染企业排放的污染物种类、污染排放量;其二,考虑环境污染企业对环境损害结果的发生的作用力、主观过错程度;其三,根据环境污染作用力和主观过错,划分侵权比例责任。按照此种责任划分依据,不论侵权人的主观状态如何,也不论侵权行为对损害

---

[1]《民法典》第1172条规定,"二人以上分别实施侵权行为造成同一损害,能够确定责任大小的,各自承担相应的责任;难以确定责任大小的,平均承担责任"。

第四章 侵权比例责任在我国侵权责任法中的实践探索

结果发生的作用大小是否有区别，全部侵权人负担无差别的责任份额。

2. 实践的完善

结合《民法典》第1231条[1]关于内部责任的划分依据，以及司法实践的做法，下列五个方面的因素可以作为侵权人责任的划分依据：

第一，侵权人的主观过错大小。在共同环境侵权中，由于实行无过错责任原则，所以受害人无需要证明侵权人存在过错才构成侵权。但在分担责任时，污染物合法排放与否，可以作为主观过错认定标准。

第二，侵权人排污口情况。它包括污水出口的位置，污水出口的大小，排污口与受害人所在地或损害后果发生地之间的距离等，作为考察侵权人排放污染物情况及其影响的一个间接因素。[2]

第三，侵权人污染物的排放情况。包括排放的污染物的种类、总量、浓度、理化性、危害性、排放时间、排放周期、与其他物质的关系、排放时间与结果发生时间的间隔程度或先后顺序等。侵权人排放的污染物的情况与损害结果直接相关，因此是确定内部责任的最重要依据。[3]以上三个因素可以作为确定侵权人侵权比例责任的重要依据。

---

[1]《民法典》第1231条规定："两个以上侵权人污染环境、破坏生态的，承担责任的大小，根据污染物的种类、浓度、排放量，破坏生态的方式范围、程度，以及对损害后果所起的作用等因素确定。"意思是按照本法规定二人以上共同侵权对被侵权人应承担连带责任，本条规定的是共同侵权人间的责任大小比例划分原则，并不影响被侵权人要求其中任意一方承担完全的赔偿责任，只不过承担了完全责任的一方可以按本条划分的赔付比例，对其承担限额以外的部分向另一方行使追偿权。

[2] 参见唐忠辉：《环境共同侵权研究》，中国政法大学2011年博士论文。

[3] 参见唐忠辉：《环境共同侵权研究》，中国政法大学2011年博士论文。

第二节 我国侵权责任法"侵权因果关系不确定型"侵权比例责任的司法实践

"侵权因果关系不确定"主要是侵权行为与损害结果之间因果关系不确定与侵权致害具体原因不确定。

一、侵权人与受害人之间因果关系不确定的情况——原 A2 子类型

在大规模产品侵权案件中，侵权人与受害人之间的因果关系在短时间内往往是不确定的。"大规模侵权（mass tort）"是源于美国法律的一个概念。大规模侵权基于不法行为或多种同质产品服务，符合特定类型的侵权要求，损害范围很大，受害者人数众多。大规模产品侵权案件，是指多家使用相同生产工艺或者具有相同缺陷的产品给数目较多的消费者带来人身损害，却无法确定具体侵权与消费者之间因果关系的特殊侵权类型。

杨立新教授认为，大规模侵权是指同一侵权或多个具有同质性的侵权行为，对大量受害人造成人身或财产损害，须提供数额巨大的损害赔偿救济以及进行更好地预防和惩罚，以保障社会安全的特殊侵权行为。[1] 张新宝教授倾向认为，数十名侵权人的产品责任案件构成了大规模的侵权案件。[2]

大规模侵权的特征：其一，涉及受害人人数众多。受害人

---

〔1〕 杨立新：《〈侵权责任法〉应对大规模侵权的举措》，载《法学家》2011 第 4 期。

〔2〕 张新宝：《设立大规模侵权损害救济（赔偿）基金的制度构想》，载《法商研究》2010 年第 6 期。

第四章 侵权比例责任在我国侵权责任法中的实践探索

数众多是大规模侵权的最基本特征。其二，大规模侵权的损害结果多为人身损害，人身损害的结果因人而异。其三，许多大规模侵权案件的受害者人数在短时间内无法确定。其四，确定大规模侵权的因果关系是复杂的。大规模产品侵权具有被侵权人数繁多且存在不确定性和广泛性，损害结果不确定性、滞后性、严重性等特点，使得因果关系难以证明。

例如"李某等多名原告与被告河南某益农农业发展有限公司产品责任纠纷"同类案件公开的就有 30 件[1]，可谓是大规模产品侵权案。原告们都曾在被告处购买"葡萄膨大剂"，经有关专家鉴定：原告的损失与涉案葡萄膨大剂有一定关系，产量损失在 20%～40%之间，个别地块较重。

（一）现有的解决方案

法院认为，生产者应对产品缺陷造成的损害承担侵权责任。鉴于原告购买明显有缺陷的葡萄膨胀剂的过失，可以适当减少侵权方的责任。法院酌定被告应分别赔偿的所有原告损失数额为评估价的 60%。同时调查此类产品在市场的占有率，依据市场份额理论承担赔偿责任，具体操作如下：

---

[1] 详见"（2018）豫 04 民终 526 号、（2018）豫 04 民终 527 号、（2018）豫 04 民终 528 号、（2018）豫 04 民终 529 号、（2018）豫 04 民终 530 号、（2018）豫 04 民终 531 号、（2018）豫 04 民终 532 号、（2018）豫 04 民终 534 号、（2018）豫 04 民终 535 号、（2018）豫 04 民终 536 号、（2018）豫 04 民终 537 号、（2018）豫 04 民终 538 号、（2018）豫 04 民终 539 号、（2018）豫 04 民终 540 号（2018）豫 04 民终 541 号、（2018）豫 04 民终 542 号、（2018）豫 04 民终 543 号、（2018）豫 04 民终 544 号、（2018）豫 04 民终 545 号、（2018）豫 04 民终 546 号、（2018）豫 04 民终 547 号、（2018）豫 04 民终 548 号、（2018）豫 04 民终 549 号、（2018）豫 04 民终 550 号、（2018）豫 04 民终 551 号、（2018）豫 04 民终 552 号、（2018）豫 04 民终 553 号、（2018）豫 04 民终 554 号、（2018）豫 04 民终 555 号、（2018）豫 04 民终 556 号、（2018）豫 04 民终 557 号"共 30 件同类产品责任侵权案。

首先确认在具体侵权人不明的大规模产品侵权案件中适用共同危险行为理论，其次是要通过市场份额责任为基础分配侵权人之间的侵权比例责任。因此，大规模产品侵权一是兼有产品责任的共同危险行为，二是责任承担是依据市场份额责任确定侵权比例责任。

例如，在燃气泄漏案件中，法院认定：新某公司未及时安装燃气报警器，致燃气泄漏后，燃气紧急切断阀未及时切断，同时新某公司未及时有效开展危险排查工作，使丁某之妻于某未能及时知晓其所使用的燃气灶具系不符合标准的产品，故新某公司应当承担相应的赔偿责任，以50%为宜。新某公司作为涉案燃气灶具生产厂家，因其所生产的产品存在缺陷，致燃气泄漏并导致燃气爆炸致人受伤的危害结果发生，新某公司应当承担赔偿丁某之妻于某相关损失的赔偿责任，以40%为宜。于某及其丈夫在使用天然气过程中未尽到充分的安全注意义务，应当自行承担10%责任。新某公司对（2016）鲁11民终86号民事判决书不服，向山东省高级人民法院申请再审，山东省高级人民法院受理后，经立案审查，现已驳回新某公司的再审申请。本院对上述责任承担比例予以确认。对于上诉人新某公司主张的《原因分析及认定意见》表明涉案事故的主要责任是新某公司生产的不合格灶具。如果确实不能查明具体被告则按照市场份额承担侵权比例责任。

（二）现有方案的评估

关于缺陷产品大规模侵权案件，受害人可以要求赔偿的根据如下：我国《民法典》第1180条[1]规定了同一侵权导致多人死

---

[1]《民法典》第1180条规定：因同一侵权行为造成多人死亡的，可以以相同数额确定死亡赔偿金。

第四章　侵权比例责任在我国侵权责任法中的实践探索

亡时死亡赔偿金的确定方法，强调"同命同价"；《中华人民共和国产品质量法》（以下简称《产品质量法》）第四章的规定的是产品责任的损害赔偿，特别是第43条产品责任人的确定[1]；《食品安全法》第九章法律责任部分，规定可以请求侵权者承担民事损害赔偿。但这些规定的前提是，侵权行为与受害人损害之间因果关系确定。由于大规模侵权往往缺乏事实因果关系，现有法律对受害人的赔偿相当困难。

（三）引入侵权比例责任的探索

1. 理论的支撑

可以将我国《民法典》第178条第2款[2]，优化为"连带责任人根据各自责任大小确定相应的赔偿数额；难以确定责任大小的，则应根据各自产品占有市场的份额比例承担赔偿责任，若加害人的产品占有市场份额比例相同或难以查明的，平均承担赔偿责任"[3]一方面，在现有的法律规定下，将市场份额制度融入侵权责任法；另一方面，用侵权比例责任保障受害人的赔偿得以实现。

在市场份额制度中，为了克服市场份额数据与损害可能性程度不一致，学术界提出了"比例分担责任（proportional share

---

[1]《产品质量法》第43条规定：因产品存在缺陷造成人身、他人财产损害的，受害人可以向产品的生产者要求赔偿，也可以向产品的销售者要求赔偿。属于产品的生产者的责任，产品的销售者赔偿的，产品的销售者有权向产品的生产者追偿。属于产品的销售者的责任，产品的生产者赔偿的，产品的生产者有权向产品的销售者追偿。

[2]《民法典》第178条第2款规定：连带责任人的责任份额根据各自责任大小确定；难以确定责任大小的，平均承担责任。实际承担责任超过自己责任份额的连带责任人，有权向其他连带责任人追偿。

[3] 刘成：《从比较法角度探析产品大规模侵权》，载《法制与社会》2016年第6期。

liability)"的观点。法院应结合多种因素（例如不同产品的危险程度），如将市场份额与可能性比例结合，以便侵权人的产品不具有一致的危险性时，仍然可以根据市场份额推断出侵权人造成损害的可能性比例。[1]

2. 实践的完善

根据法律规定，法院首先确定此类案件是由产品缺陷引起的，对他人造成损害，生产者或销售者应承担侵权责任。其次，确定侵权方与损害之间的因果关系，分析多数人的侵权各方或侵权方与受害方过错程度，认定应承担的责任。最终根据双方的过错程度或原因大小，分担相应的侵权责任。

采用市场份额责任，依据市场份额为基础推知被告造成损害的可能性比例承担侵权赔偿责任。市场份额责任的适用条件可总结如下：

（1）不能确定特定被告，但有实质份额的被告。市场份额责任就是为解决不明确被告这一因果关系的困境而生,[2]市场份额责任即可适用。

（2）产品存在普遍固有的缺陷。市场份额责任涉及整个相关市场，假设有缺陷产品造成相同损害，产品的销售量相当于

---

[1] 假设当时市场上有甲乙丙三种奶粉，其中甲乙占有市场份额相同，甲中危险物质丁的含量是乙的两倍，丙占有市场份额10%且每单位所含丁物质为乙的四倍，但由于丙已经破产故原告并未对他提起诉讼。我们将甲乙丁三种奶粉所含有危险物质的比值与他们所占有市场份额比值分别相乘，得到 $(2 \times 45\%):(1 \times 45\%):(4 \times 10\%) = 18:9:8$。结合甲乙丁三者共同造成原告损害的可能性为100%，得出甲乙丁对损害发生的可能性分别为51.43%，25.71%和22.86%，由于原告未起诉丁，所以甲乙的行为对损害发生的可能性为77.14%。

[2] See Allen Rostron, "Beyond Market Share Liability: a Theory of Proportional Share Liability for Nonfungible Products", *UCLA Law Review*, LII 158 – 159, 2004.

产品"可能对公众的公共安全造成危险"的比例,[1]生产商应根据各自的市场份额承担责任。

二、致害具体原因不确定的情况——原 A4 子类型

致害具体原因不确定,主要是在医疗纠纷中,无法完全确定是医生治疗的过失造成病人伤害,还是病人自身原因造成导致损害。这种情况就是致害原因不确定的医疗损害责任。医疗损害责任是指医疗机构及医务人员在医疗过程中因疏忽而存在过失,造成患者人身损害或者其他损害,应当承担的以损害赔偿为主要方式的侵权责任。[2]

在医疗损害责任纠纷中,通常根据医疗行为的过错参与度和受害人伤残等级来确定赔偿侵权比例责任。侵权人是否存在过错及过错参与度的大小是通过医疗事故鉴定出来的。而过错参与度取决于侵权人过错与受害人损伤之间的因果关系,还取决于原告伤残等级和误工、护理、营养期三期的时间长短。

如受害人余某诉侵权人瑞昌市某医院医疗损害责任纠纷一案[3],原告认为被告医院在其手术过程中操作失误,导致原告术后三次住院治疗,给原告造成身心和经济上的都造成伤害,原告遂起诉到院。侵权人瑞昌市某医院辩称,应根据医疗过错参与度的鉴定和受害人伤残的鉴定来确定赔偿侵权比例责任。

(一)现有的解决方案

依照《民法典》第1218条规定,构成医疗损害责任应当具

---

[1] 转引自李响编著:《美国侵权法原理及案例研究》,中国政法大学出版社2004年版,第313页。
[2] 杨立新:《医疗损害责任概念研究》,载《政治与法律》2009年第3期。
[3] 详见(2017)赣0481民初2253号民事判决。

备四个要件。《民法典》第 1221 条[1]明确规定了：医务人员在诊疗活动中存在过错，应当承担赔偿责任。根据《民法典》第 1218 条的规定，首先确认医疗机构或者其医务人员是否有过错，考察医疗机构及其医务人员的参与程度，确认医疗过错的参与度。根据参与度最终确定医疗机构及其医务人员的侵权比例责任。

受害人余某诉侵权人瑞昌市某医院医疗损害责任纠纷一案，法院围绕当事人依法提交的证据，确认医疗机构及其医务人员在诊疗活动中存在违法诊疗行为，患者的确受到损害。通常，先要确定违法诊疗行为与患者损害之间是否具有因果关系；医疗机构以及医务人员是否存在过错；具体责任如何分担。

第一，医疗过错参与度方面。法院经与双方协商，委托江西某司法鉴定中心对侵权人是否存在过错和过错参与度进行鉴定。鉴定意见为侵权人的诊疗行为存在过错，其过错与受害人的身体损伤存在一定的因果关系，过错参与度为 20% ~ 40%。双方争议为比例大小，出于照顾伤者，本院酌定过错参与度为 40%。

第二，伤残等级和误工、护理、营养期时间。经与双方协商本院委托某法医学司法鉴定所对受害人的伤残等级、后期治疗费和误工、护理、营养期进行鉴定。鉴定意见为受害人的伤残等级为八级伤残，后期治疗费 3000 元，误工 120 天，护理 60 天，营养 60 天。侵权人虽然对此鉴定意见提出标准过高，但没有提供相反证据。本院认为司法鉴定意见具有较强的证明力，

---

[1]《民法典》第 1221 条明确规定："医务人员在诊疗活动中未尽到与当时的医疗水平相应的诊疗义务，造成患者损害的，医疗机构应当承担赔偿责任。"

第四章 侵权比例责任在我国侵权责任法中的实践探索

在无其他证据足以证明其存在明显错误的情况下,法院应当采信,故本院对此鉴定意见予以采信。

第三,受害人的赔偿标准。受害人系农业户口,但根据当地村委证明,受害人夫妇长期在外务工,未在农村务农,故本院认为受害人可以按城镇标准计算伤残赔偿金。受害人提交的工作证明没有相关营业执照和工资流水,本院不予采信,对其误工费、护理费标准按 2017 年城镇非私营单位居民服务业 146.62 元/天计算。

第四,受害人医疗费的抵扣。受害人第一次的住院的医疗费和门诊费用于诊断子宫腺肌和腹腔镜下全子宫切除手术,在手术过程中误伤了受害人的输尿管,直到受害人第一次出院当天才发现,在此之前没有用于补救侵权人医疗过错行为的花费,故受害人第一次住院期间的医疗费用和相关损失由受害人自己承担。此后的医疗行为与补救侵权人医疗过错行为有关,医疗费用和相关损失按照双方的过错程度分摊,侵权人负担 40%,受害人负担 60%。

(二)现有方案的评估

结合我国《民法典》规定医疗损害责任的归责原则体系,对现有的侵权解决方案进行评估。

第一,在医疗损害责任的归责原则体系中,一般采用过错责任原则。医疗损害责任的过错责任原则主要表现在:其一,医务人员在诊疗活动中存在过错,应当承担赔偿责任。如《民法典》第 1221 条明确规定:"医务人员在诊疗活动中未尽到与当时的医疗水平相应的诊疗义务",承担赔偿责任。其二,医疗技术损害责任和医疗管理损害责任都实行过错责任原则,这两种医疗损害责任类型要求构成赔偿责任必须具备过错要件,无过错即无责任。

第二，在医疗损害责任中，例外的情形适用过错推定原则或者无过错责任原则。其一，《民法典》第1165条第2款和第1166条规定，在"法律规定"的情形下承担责任。其二，《民法典》第1219条和第1226条规定的未尽告知义务和违反保密义务的医疗伦理损害责任适用过错推定原则。

（三）引入侵权比例责任的探索

1. 理论的支撑

医疗侵权责任的归责原则一般适用过错责任原则，因此对于医疗中发生的损害，医疗方如果有过错，根据过错比例承担侵权比例责任；如无过错，则不应当承担赔偿责任。

当因果关系不明时，医疗侵权责任也应适用过错推定原则。如果医疗方不能证明自己没有过错或者存在法定的免责事由，就应承担侵权损害赔偿责任。某些情况下，过错推定原则和因果关系推定需要结合在一起运用。如在多家医疗机构共同侵权责任中，侵权法多采用因果关系推定原则，即推定各家医疗机构的行为与损害结果之间均具有因果关系，各医疗机构之间依照各自过错程度和行为的原因力大小分担自己的责任份额，即适用侵权比例责任分担方式。

医疗产品损害责任适用产品责任的无过错责任原则，即严格责任"虽然严格，但非绝对"。[1]

2. 实践的完善

医疗损害赔偿中侵权比例责任的适用主要考察两个方面因

---

[1] 王泽鉴：《民法学说与判例研究》（第二册），中国政法大学1998版，第161页。

素：一是比较过错，是否有医疗过错及过错程度。二是比较原因力，主要是比较医疗过错与损害结果的因果关系的参与度。因此需要从以下两个方面进行完善。

第一，建立合理的医疗过错的认定标准。根据《医疗事故处理条例》的规定，构成医疗事故的条件，包括行为违法和过错。另外，对由患者体质的特殊性、疾病病情本身特点或者限于当时医疗水平等因素造成的医疗损害后果，以及医疗过错在损害后果的发生或进展过程中起到的作用大小进行比较。

第二，建立权威的医疗损害的鉴定制度。比较医疗过错与损害结果的因果关系的参与度主要依据医疗损害鉴定，多以第三方的鉴定结论作为证据。因此，为了确保第三方的鉴定结论具有真实性、科学性、客观性、公正性，必须建立权威的医疗损害鉴定制度。

第三节 我国侵权责任法"具体损害不确定型"侵权比例责任的司法实践

具体损害不确定包括损害的可能性不确定、损害部分不确定、非侵权原因造成损害不确定、未来损害不确定以及未来损害程度不确定等五种情况。因此，可以分为以下情形：

一、损害的可能性不确定的情况——原 A5 子类型

损害的可能性不确定是因为机会丧失导致损害可能性不确定。我国目前对于机会丧失损害的救济，只在学术和司法实践有所涉及。我国侵权责任法理论中可赔偿损害包括直接损害和间接损害，即现实利益的丧失和不受侵害而得到的利益，将

"可能"的损害排除在法律保护的范围之外，因此获得此类利益的机会不在保护范围之内。

美国学者 Joseph King 最早提出机会丧失理论。他认为机会丧失意味着侵权人的行为剥夺了受害人获得利益或避免损害发生的机会，因此侵权人对受害人丧失此种机会应承担赔偿责任。[1]

如"朱某等与赵某服务合同纠纷"案[2]，朱某丈夫李某在赵某浴室沐浴，突发意外，经抢救无效当场死亡。被告经营浴室，顾客李某到浴室购票洗浴，被告与顾客李某之间形成洗浴服务合同关系，该法律关系不违反法律、法规的强制性的效力规定，属有效。案件中因被告发现顾客李某在危急状况抢救时间方面反应迟缓，导致李某错失最佳抢救机会。被告是否承担原告丈夫李某因抢救机会丧失发生的相关损失？

（一）现有法的解决方案

在此类的案件中，受害人的请求难以得到支持，原因有两个：其一，因果关系不确定。确定侵权损害赔偿责任的先决条件之一是侵权行为与损害后果之间必然存在因果关系。[3]其二，损害计算不准确。在机会丧失的情况下，即使可以确定损害赔偿责任，也很难计算赔偿金，大多数情况下只是一个比例区间。

由于赔偿损失最终是要支付赔偿金，为了确保加害方支付金钱数量的确定性和计算的准确性，法律往往只将便于计量的

---

[1] See Joseph King, Causation, Valuation, and Chance in Personal Injury Torts Involving Preexisting Conditions and Future Consequences, *Y. L. J.* 90, 138, 1981.

[2] 详见（2015）南民初字第421号民事判决。

[3] 陈聪富：《"存活机会丧失"之损害赔偿》，载《中原财经法学》2002年第1期。

第四章　侵权比例责任在我国侵权责任法中的实践探索

损失列入救济的范围，而将机会丧失这种不易计算的损失排除在法律保护之外。[1]为解决这一问题，各国纷纷对传统的理论予以修正，其中最值得注意的是英美法系以及法国司法实践所采纳的"机会丧失理论"（Loss of Chance Doctrine）。[2]

以上案件，审判法院就是采用"机会丧失理论"解决的。法院最终认为：被告浴室方在发现顾客李某的危急状况下，抢救略显迟缓，其在安全保障义务的履行上不足仅表现为瑕疵，即使被告方在李某进行洗浴时可能存在未予警示的情况。而在李某发生身体不适时，未得到及时的关注和抢救，故被告应承担李某因抢救机会丧失发生的相关损失，法院酌定被告赔偿顾客李某损失的6%，即被告应赔偿原告方损失（死亡赔偿金34346元/年×约6年+丧葬费本省上年度职工平均工资61783元÷2)×6%，（四舍五入）共计14218元。

（二）现有方案的评估

传统的责任承担规则通常是"全有或全无"责任：完全负责任、完全不负责任。如在上述案例中如果要求被告浴室承担完全责任，显然忽略了造成损害后果的真正原因；如果判定被告浴室不负责任，则忽略了被告浴室方存在过错。对于由意外事故过错造成损害后果因果关系难于准确认定，同时又存在经济、伦理上冲突，确定因果关系无太大的意义，通过确定机会丧失率的大小来确认责任比例是一种优选的方法。因此传统的"全有或全无"责任规则在某种程度上不太适合解决本类

---

[1] 覃有土、晏宇桥：《论侵权的间接损失认定》，载《现代法学》2004年第4期。

[2] 田韶华、樊鸿雁：《论机会丧失的损害赔偿》，载《法商研究》2005年第4期。

型案件。最终本案一是参照安全保障义务,二是结合抢救存活机会的丧失,三是按照机会丧失的比例,要求被告承担侵权责任。

目前,我国的法律没有明确规定机会利益丧失的损害赔偿。近年来,一些学者已经开始研究这一问题,并逐渐将机会利益损失列入侵权责任法的赔偿范围。如王利明教授认为:"侵害他人机会构成了民法上的侵权行为,机会损失属于民法上的损害事实。"[1]

在宏观层面上,对机会利益的丧失不进行损害赔偿就无法体现出法律公正、公平的理念和精神;而且在微观层面上,侵权责任法的赔偿原则,即使受害人恢复到权利被侵害之前的状态,如果不对他的机会利益丧失进行赔偿,受害人不能恢复到被侵害以前真正的状态。机会丧失理论有利于更好地实现侵权法精神,更好地保护人们的权利。

(三) 引入侵权比例责任的探索

1. 理论的支撑

机会丧失理论是对传统的"全有或全无"规则的补充,而不是理论替代。因此,受害者可以通过优越证据原则证明其原因和结果。机会丧失理论存在的理由如下:

第一,机会丧失可作为赔偿的客体。机会丧失理论中"机会丧失"本身就是一种可赔偿性的损害。依曾世雄的观点,赔偿客体需具备三个要件:其一,须为主观上之不利益,即加害行为使受害人遭受了财产或非财产上的不利益;其二,须有权

---

[1] 参见王利明主编:《民法典·侵权责任法研究》,人民法院出版社2003年版,第67~68页。

第四章 侵权比例责任在我国侵权责任法中的实践探索

利或法益受到侵害；其三，须客观上确定或可得确定。[1]以此参照，机会丧失本身完全具备这三个要件，理由如下：一是机会利益应属于法益的范围。机会利益固然并非权利，但它作为对未来利益的期待，这种期待往往具有独立价值；[2]二是机会利益的丧失使受害人遭受了财产上或非财产上的不利益；三是机会利益丧失具有可确定性。

第二，机会利益价值的可计算。对丧失的机会予以赔偿，主要是依据对机会利益价值的评估。根据贝叶斯理论，概率论中的"大数定律"告诉我们，个体的随机现象在数量足够多的一个群体中会表现出一种确定和可以预言的特征。[3]而且在现在的大数据时代，机会利益完全可以根据相关数据进行统计。

第三，侵权比例责任赔偿的可行性。机会丧失理论中，赔偿金的数额在多数情形下是以丧失机会的比例为依据计算出来的。按照机会丧失价值的比例赔偿，一方面受害人能够获得部分赔偿，另一方面侵权人承担的责任公平合理。

综上，机会丧失理论作为对机会利益予以救济的学说，在理论和实践上都有其合理性，应予采用。

2. 实践的完善

随着科学的发展，量化途径的多样化，计算方法的准确性，机会丧失制度的采用势在必行。

---

[1] 参见曾世雄：《损害赔偿法原理》，中国政法大学出版社2001年版，第275页。

[2] 陈聪富：《"存活机会丧失"之损害赔偿》，载《中原财经法学》2002年第1期。

[3] 覃有土、晏宇桥：《论侵权的间接损失认定》，载《现代法学》2004年第4期。

在我国，机会丧失的损害赔偿可以适用于以下的几种情况：其一，由于人身伤害，失去获得经济收入的机会、成为特定职业的机会或晋升的机会；其二，由于医生的疏忽误诊，失去治愈机会或生存机会；其三，由于律师的失职，失去获胜的机会或和解的机会；其四，经济利益的损失，或由于损害行为导致商业机会的损失等，失去获得利润的机会。

一些学者设计了以下医疗损害责任的计算公式，参照各种责任程度的确定方法，可以在责任比例无法准确确定时使用。参考公式：责任比率 = 25% × 机会损失率 + 10%。该公式的应用意味着：25%是次要责任系数，10%是基本损害系数；如果确定了损害后果的责任，则责任范围在10%～35%之间；适用于已发生的实质性或可能性的损害结果，如果难以确定机会损失率，则损害的后果表示为0。由此，轻微因素设定在10%～20%的范围内，次要因素设定在21%～35%的范围内。这种方法的优点是可以避免过度的医疗补偿，避免机会损失率低造成的医疗过错责任。划分责任中符合民事和商业审判中的利益平衡原则。

二、多数人侵权各自损害不确定的情况——原 B1 子类型

多数人侵权各自损害不确定，是指能够确定所有损害都是由多名侵权人的侵权行为造成的，但不能确定每位侵权人的侵权行为的具体损害部分。以下以机动车道路交通事故责任为例，对此情况进行分析。

2008年5月，王某驾驶一辆两轮电动车由南向北行驶，在经过一个路口时，一辆大货车违反交通规则强行转弯将王某连人带车撞倒，大货车司机肇事逃逸，至今未能归案，王某倒地

后，翻滚至由北向南的车道中央，恰有刘某驾驶中型货车由北向南正常驶来，因躲避不及，再次撞到王某。此次交通事故造成王某当场死亡。本案中大货车司机和中型货车司机刘某都是侵权人，受害人王某先后受到两次撞击致死，不能确定哪一次撞击对王某的损害致命。多数人侵权各自损害不确定应该如何处理？

（一）现有法的解决方案

第一，具体侵权人所致损害不确定的情况在我国常有发生，机动车道路交通事故责任是这类侵权的典型。在道路交通事故中，首先要确定具体侵权人，也就是说，确定道路交通事故的赔偿责任主体是处理道路交通事故的首要问题。

第二，在多起交通事故造成同一损害时，应确认双方是否共同危险行为。前述案件中，前后两次事故都是两个独立的侵权行为，两位侵权人分别实施侵权行为，造成同一损害。两次事故的侵权人独立承担侵权责任。法院不能适用《民法典》第1170条判决连带责任。

第三，由交警根据事故发生的事实情况，结合各方过错程度和原因力大小作出的交通事故责任认定书。交通事故责任认定书必须程序合法、事实清楚、证据确实充分、适用法律正确、责任划分公正。

第四，参照受害人受伤程度、治疗情况，侵权人过错程度、车辆投保情况以及当地经济生活发展水平，如果侵权人与受害人均有过错，则按照交通事故责任认定书分担责任。

若是多辆机动车共同造成第三人损害，则依据《最高人民法院关于审理道路交通事故损害赔偿案件适用法律若干问题的解释》第 10 条[1]关于"多辆机动车发生交通事故造成第三人损害"的规定,确定侵权人承担连带责任或者按份责任。

又如在"徐州某公共交通客运有限公司与鹿某等机动车交通事故责任纠纷案"[2]案件中,受害人孙某摔倒在非机动车道上,且各方当事人也未能提供证据证实受害人孙某在该起事故中存在过错,因此应当认定受害人孙某在该起事故中无责任。前后两次事故的肇事司机王某、鹿某、陈某共同对该事故承担全部责任。由于王某驾驶的机动车首先和孙某接触、碾压,对于孙某所受损害起到先导和基础作用,鹿某和陈某驾驶的机动车接连撞上王某驾驶的机动车,加重了孙某所受的损害,并最终导致孙某死亡这一损害结果的发生。因此,法院认为,根据相关规定,二人以上没有共同故意或者共同过失,分别实施的数个行为间接结合发生同一损害后果的,应当根据过失大小或者原因力比例各自承担相应的赔偿责任。鹿某驾驶的机动车撞上王某机动车,与陈某驾驶的机动车又撞上前面两辆车的行为间接结合,共同导致王某机动车损坏,鹿某、陈某应当按照原因比例、责任大小承担相应的民事责任,且致王某机动车受损的交通事故发生于王某机动车停车后,因此,鹿某、陈某应当承担主要责任。同时,王某因与受害人孙某发生交通事故而在道路上临时停车后,未及时在机动车后方安放警示标志,对此机动车受损的交通事故的发生也存在过错,应当承担次要责任。

---

[1] 《最高人民法院关于审理道路交通事故损害赔偿案件适用法律若干问题的解释》第 10 条规定:"多辆机动车发生交通事故造成第三人损害,当事人请求多个侵权人承担赔偿责任的,人民法院应当区分不同情况,依照《民法典》第 1170 条、第 1171 条、第 1172 条的规定,确定侵权人承担连带责任或者按份责任。"

[2] 详见(2017)苏 03 民终 4019 号民事判决。

第四章　侵权比例责任在我国侵权责任法中的实践探索

综合考虑各方的过错程度，王某在该事故中应当承担的责任比例为30%，鹿某、陈某在该事故中应当承担的责任比例分别为35%、35%。

（二）现有方案的评估

交通事故责任案件中，法院排除共同侵权承担连带责任之外，大多数时候是根据交警作出的事故认定数的责任类型确定各方侵权比例责任。此种方式使受害人尽快获得赔偿，又使侵权人省去承担连带责任之后的追偿。

交警应当根据当事人过错程度或原因力大小的比例划分各自承担相应的赔偿责任。交通事故责任的确定分为全部责任、主要责任、同等责任和次要责任。如果一方当事人违反规定造成交通事故的，违反规定的一方应当承担全部责任，另一方不承担交通事故的责任。如果违反双方共同造成交通事故，违反规定的一方对交通事故负有主要责任。

又如案例"苏某与刘某1等机动车交通事故责任纠纷案"[1]中刘某1与横过道路的行人苏某发生碰撞，苏某受伤倒地后，再次被刘某2驾驶的车拖撞，造成苏某重伤住院的事故，交警部门认定：第一次事故中，刘某1与苏某负同等责任；第二次事故中，刘某2负主要责任，刘某1负次要责任，苏某无责任。双方均表示无法区分两次事故对苏某所造成的伤害程度。交警部门对本案的交通事故作出的《道路交通事故认定书》认定，第一次事故中刘某1与苏某负事故的同等责任；第二次事故中刘某2负事故主要责任，刘某1负事故次要责任，各方当事人对此并无异议，由于两次事故结合共同导致苏某受伤，而双方

---

[1] 详见（2017）粤04民终1872号民事判决。

又无法区分两次事故对苏某造成伤害的程度，故一审法院认定两次事故的原因力比例均为50%，又因苏某是非机动车一方，结合本地司法实践，一审法院认定在第一次事故中，刘某1承担60%的责任，苏某承担40%的责任；第二次事故中，刘某2承担70%的责任，刘某1承担30%的责任。据此划分刘某1负事故的45%责任，刘某2负事故的35%责任，苏某负事故的20%责任。

但是，也有一些法院没有完全采信交通事故认定书。他们认为交通事故证明只是民事诉讼中的证据之一，其实质是对当事人应承担的过错的作出判断，交通事故认定书仅对交通事故原因负责。认定书中的责任不是民事责任，两者不能等同，也不等同于民事责任的划分。

因此很多案件中，除了参照交通事故认定书中的原因责任，还要结合受害人的受伤程度、治疗情况、肇事司机的投保情况、事故后的态度及当地经济生活发展水平综合认定赔偿责任比例。

（三）引入侵权比例责任的探索

《中华人民共和国道路交通安全法》，（以下简称《道路交通安全法》）针对交通事故责任确定的归责原则包括：第一，机动车相互之间的事故按照过错原则确定责任。《道路交通安全法》第76条第1款第1项[1]关于"机动车交通事故中双方都有过错的情况"有此规定。机动车之间发生交通事故时适用过

---

[1]《道路交通安全法》第76条第1款第1项规定："机动车之间发生交通事故的，由有过错的一方承担赔偿责任；双方都有过错的，按照各自过错的比例分担责任。"

第四章　侵权比例责任在我国侵权责任法中的实践探索

错责任的原则，由于机动车之间的危险掌控能力及风险负担大致相同，因此确定了此归责原则。[1]

第二，机动车造成非机动车之间发生交通事故，按过错推定责任确定责任。《道路交通安全法》第76条第1款第2项[2]规定，机动车与非机动车驾驶人、行人之间发生交通事故，推定机动车有过错，最少要承担10%的责任。首先，在非机动车和行人无故意情况下发生交通事故，同时适用过错原则和过错推定原则。[3]其次，在同等责任的情况下，机动车一方因为有优势，还要承担更多的赔偿责任。

第三，机动车一方不承担赔偿责任。根据《道路交通安全法》第76条第2款[4]还规定，非机动车驾驶人或者行人在故意碰撞情况下，机动车一方不承担赔偿责任。

事实上，道路交通事故本身比法律规定更复杂。交通事故的主体、多责任，既要结合过错责任原则、无过错责任原则多种规则，以及数人侵权的责任分担、受害人过错等多种侵权制度的应用，比较过错和原因力，综合分析各自责任比例。

分担责任正是我国侵权责任法在处理交通事故责任中的难点。

---

〔1〕 李明义：《交通事故损害赔偿案件审判实务研究》，载《法律适用》2010年第7期。

〔2〕《道路交通安全法》第76条第1款第2项规定：（二）机动车与非机动车驾驶人、行人之间发生交通事故，非机动车驾驶人、行人没有过错的，由机动车一方承担赔偿责任；有证据证明非机动车驾驶人、行人有过错的，根据过错程度适当减轻机动车一方的赔偿责任；机动车一方没有过错的，承担不超过百分之十的赔偿责任。

〔3〕 张永琴：《试论道路交通事故的责任认定》，载《政府法制》2010年第10期。

〔4〕《道路交通安全法》第76条第2款规定，交通事故的损失是由非机动车驾驶人、行人故意碰撞机动车造成的，机动车一方不承担赔偿责任。

(四) 实践的完善

在交通事故责任案件的审理中，一方面，依据公安交警部门作出的交通事故认定书。毕竟公安交警部门在处理交通事故中专业性强、职业性高，分析、认定交通事故精准，也是确认各方侵权比例责任的关键。因此准确地分析、公允地判断引发或导致事故发生的"因果关系"是认定的重点。

由此可以看出"因果关系"是交通事故责任认定关系的关键所在。实际中此类"因果关系"十分抽象，因交警的认识、鉴别力等各种主观因素差异，有时同一种案件的责任认定也会有差别。因此实践中需要明确直接确定各方侵权比例责任。根据责任认定的类型明确各类责任的比例。如承担全部责任的比例是100%，承担主要责任的比例是70%，承担同等责任的比例是50%，承担次要责任的比例是30%。

另一方面，法院大多判定侵权比例责任，也有不采信事故责任认定书情况。如"朱某诉韩某等机动车交通事故责任纠纷案"[1]。此案件中，法院认为交警部门作出的责任认定欠妥，法院查明的交通事故形成原因及责任划分与交通事故认定书上载明的事实及责任划分不一致。因此法院认为交通事故认定书仅是法院审理交通事故案件的证据之一，可以不采信交通事故认定书。

三、非侵权人的原因造成的损害不确定情况——原 B2 子类型

非侵权人的原因造成的损害不确定，也就是说，部分损害是由其他原因造成，主要是指根据现有证据，可以确定受害人的部

---

[1] 详见（2014）淮民初字第02048号民事判决。

第四章　侵权比例责任在我国侵权责任法中的实践探索

分损害是由一个或者数个侵权人造成的，而其他损害是由非侵权要素或者受害人自己的过失造成，但无法确定哪部分是由哪些因素造成。在我国此类情形多见于提供劳务者受害责任纠纷中。

例如[1]，某某公司承包淮安市清江浦区融创广场29号楼装饰工程，万某某担任项目部负责人进行施工管理，葛某某组织带领施工，干某某从事木工作业，工资300元/天。2022年9月17日，干某某在施工时，因他人推动脚手架摔倒受伤，事发后被送至淮安市第一人民医院救治。因双方对相关赔偿事宜经多次协商且报警处理均未达成一致，故干某某向法院起诉要求某某公司、万某某、葛某某承担赔偿责任。

本案中，干某某受雇于葛某某从事木工行业，干某某在提供劳务期间，因他人推动脚手架跌落受伤，其有权请求葛某某给予补偿。干某某作为完全行为能力人，理应尽到谨慎注意义务，干某某对事故发生存在一定过错，他人推动脚手架作为其他原因也是此次伤害的一个因素。

提供劳务者受害责任，是指提供劳务一方在提供劳务过程中受到损害，接受劳务一方对提供劳务一方的损害承担赔偿责任。处理此类案件，首先要确定双方的法律关系，其次比较双方的过错和原因力，最后认定责任分担。下文旨在通过相关案例，尝试分析侵权比例责任在提供劳务者受害责任纠纷案件的法律适用。

（一）现有法的解决方案

1. 确定赔偿责任人

确定提供劳务方是否是受害人：首先，确认受害人与接受

---

[1] 详见（2023）苏0812民初4054号民事判决。

劳务方在此案中的法律关系，受害人是否是提供劳务方，接受劳务一方是否因为提供劳务而获得利益；第二，确认双方的过错，提供劳务一方是否尽到注意必要的安全义务，接受劳务方是否尽到指示、控制、管理或者监督义务。

最初，此类案件适用无过错原则，如 2003 年通过的《最高人民法院关于审理人身损害赔偿案件适用法律若干问题的解释》第 11 条规定[1]雇主承担无过错赔偿责任。2010 年 7 月 1 日施行的《中华人民共和国侵权责任法》（以下简称《侵权责任法》）第 35 条规定，提供劳务一方因劳务造成他人损害的，由接受劳务一方承担侵权责任。2021 年起实施的《民法典》第 1192 条延续了上述规定。[2]根据最高人民法院 2011 年 2 月 18 日发布的《关于修改〈民事案件案由规定〉的决定》的相关规定[3]，雇员受害赔偿纠纷已变化为提供劳务者受害纠纷。一般情况接受劳务一方承担无过错责任，如果提供劳务一方存在过错，提供劳务一方要承担责任。根据提供劳务者的过错，应相应减轻接受劳务一方的赔偿责任。《侵权责任法》及《民法典》

---

[1] 2003 年《最高人民法院关于审理人身损害赔偿案件适用法律若干问题的解释》第 11 条规定，雇员在从事雇佣活动中遭受人身损害，雇主应当承担赔偿责任。

[2]《中华人民共和国侵权责任法》第 35 条规定，个人之间形成劳务关系，提供劳务一方因劳务造成他人损害的，由接受劳务一方承担侵权责任。提供劳务一方因劳务自己受到损害的，根据双方各自的过错承担相应的责任。《民法典》第 1192 条第 1 款规定，个人之间形成劳务关系，提供劳务一方因劳务造成他人损害的，由接受劳务一方承担侵权责任。接受劳务一方承担侵权责任后，可以向有故意或者重大过失的提供劳务一方追偿。提供劳务一方因劳务受到损害的，根据双方各自的过错承担相应的责任。

[3] 最高人民法院于 2011 年 2 月 18 日发布《关于修改〈民事案件案由规定〉的决定》，在第二级案由"三十、侵权责任纠纷"项下增加"345. 提供劳务者受害责任纠纷"，删除了"特殊类型的侵权纠纷（包括雇员受害赔偿纠纷）"案由。

的规定减轻了接受劳务者的责任，加重了提供劳务者的安全注意义务。

2. 赔偿责任的划分

在提供劳务者受害责任中，如果提供劳务一方因劳务受伤，对于接受劳务一方，应从其安全保障义务来判断其过错程度。其安全保障义务主要包括：其一，具备相应资质，并提供安全的劳动场所和工作条件；其二，对提供劳务者进行必要的劳务作业技能和安全知识培训；其三，进行必要的人身安全提醒，及时制止和纠正劳动者的违法行为或不当行为；其四，采取安全措施，防止和减少危险的可能性。如果接受劳务者没有尽到上述义务，则可认定为有过错，应承担赔偿责任。

根据《民法典》的规定，结合提供劳务者受害责任的案件性质和特点，此类案件责任的划分一般应适用过错责任原则和公平原则。首先，接受劳务者的责任。接受劳务者在劳务关系中作为劳务活动的组织者、指挥者、监督者和风险的防控者，应对提供劳务者的活动应负有安全注意和劳动保护的义务的责任。所以，在划分责任时，接受劳务者一般应承担主要责任。其次，提供劳务者的责任。如果有过错，如不按照安全规范操作，不履行必要的注意义务等，应承担相应的责任。此外，考虑到劳动者是社会底层的弱势群体，他们在提供劳务服务过程中受到伤害是很常见的。只要他们履行了他们的责任，就能确保劳动者没有过错。即使劳动者有点过错，通常也不会将劳动者作为减轻劳动者责任的依据。

因此以上案件法院认定受害人与侵权人范某形成劳务关系，侵权人李某应当对受害人的人身损害承担雇主责任。朱某对高空作业中可能存在的危险未能尽到必要的注意义务，对损害的发生存在一定过错,应当承担一定比例的责任。范某作为雇主,应当对朱某的人身损害承担赔偿责任。本案工程涉及高空作业,张某作为发包人、李某作为分包人将涉案工程发包、分包给没有高空作业安全生产条件个人,应当依据各自过错承担责任并对造成的损害承担连带赔偿责任。故一审依据各方过错,判决朱某承担15%的赔偿责任,范某承担25%的赔偿责任,李某承担45%的赔偿责任,张某承担15%的赔偿责任,张某、李某、范某对各自债务互相承担连带赔偿责任处理适当。

(二)现有方案的评估

第一,提供劳务者受害责任的归责原则采用过错原则。《民法典》第1192条[1]规定在提供劳务者受害案件中,双方根据各自的过错承担相应的责任。

第二,接受劳务一方的可以减轻或免除责任。如提供劳务方故意或者重大过失导致自己或他人损害的。

(三)引入侵权比例责任的探索

1. 理论的支撑

在此案件中,《民法典》第1192条中规定了用工方和提供劳务者之间承担的是过错责任原则,且按照双方各自的过错承担相应的责任。如果提供劳务者自身有过错的应当减轻接受劳务者一方的赔偿责任,按照过错大小减少承担责任的比例。

第一,将无过错责任改变为过错责任。《侵权责任法》第35条(《民法典》第1192条)规定实现了从无过错责任到按照各自过错承担相应责任的归责原则转变,使相关问题的处理更

---

[1]《民法典》第1192条中"提供劳务一方因劳务受到损害的,根据双方各自的过错承担相应的责任"。

第四章　侵权比例责任在我国侵权责任法中的实践探索

符合法律的公平原则。

第二，将完全责任改变为侵权比例责任。因为提供劳务者的重大过错，可以减轻或免除接受劳动方的责任。或者因为第三人的过错，第三人与接受劳务方按比例分担责任。

第三，侵权比例责任计算更精准。由于审判人员并不具备专业的医学知识，此类案件中的侵权比例责任大都是参考鉴定意见，确定受害人是否构成伤残、护理期、营养期等专业问题，作出判决。

2. 实践的完善

实践中，提供劳务者受害责任往往从三个方面认定：

第一，关于赔偿责任的确定。首先，确认原被告是否是用工方和提供劳务方；在施工中用工方是否履行了安全监督和指导义务，如提供相应的安全施工设施，从而确定用人单位是否应承担主要责任。其次，在事故中，提供劳务方是否尽到安全注意义务，不采取安全防范措施，未佩戴防护措施，应当承担过错责任。此时，依据《民法典》第1192条的规定，双方应根据各自过错程度承担相应的责任。根据《最高人民法院关于审理人身损害赔偿案件适用法律若干问题的解释》第10条规定，用工方是否应承担相应的赔偿责任，应综合考虑用工方的过错程度。根据案件的具体情况，判定各方的过错大小，分担事故责任的比例。

第二，关于赔偿责任划分。劳务人员发生事故，如果不符合安全防范措施，不采取保护措施，则应当承担责任。根据《民法典》第1192条的规定，双方应根据各自的过错责任承担相应的责任。根据《最高人民法院关于审理人身损害赔偿案件适用法律若干问题的解释》第10条，雇主是否应承担相应的赔偿责任，应全面考虑雇主的过错程度。其一，削弱向劳动者提供过错原则的原则。在判断劳动者的照顾责任时，雇主必须考虑到劳动者处于社会弱势群体，关注较弱的义务和其他因素，不能承担更重的照顾责任。其二，如果劳动者存在过错，也采用过错责任原则。在判断劳动者的照顾责任时，雇主必须考虑到他们是相对强大的社会群体。在劳动关系中，雇主是劳动活动的组织者、指挥者、监督者和风险防控人员，应该更加重视自己的义务。根据具体情况，确定当事人的过错大小，分担事故责任的比例。

第三，计算赔偿数额。提供劳务方的受害人是城市户口还是农村户口，以该工资收入为主要生活来源，依法应适用城镇居民或者农村居民的赔偿标准，赔偿损失。

基于损害的真实性和确定性，损害未来的利益或尚未发生的损害不具有确定性，虽然侵权人的行为已构成妨碍，未形成实际的财产损失，也可能构成损害，但不便于计算。因此不再讨论未来损害不确定的情形。

另外，侵权比例责任还包括受害人存在过错时，侵权人与受害人之间按比例分担责任，实行过错相抵原则。侵权人与受害人比较过错，受害人存在过错，可以减轻或免除侵权人责任。实际上，侵权人承担的责任是减去受害人过错的责任比例。

本章小结

结合我国侵权责任的构成要件，笔者将侵权比例责任按照侵权主体不确定、因果关系不确定和损害不确定重新排列。在我国侵权责任法的语境中，为每个子类型寻找相关案例，分析

第四章 侵权比例责任在我国侵权责任法中的实践探索

此案件我国现有的解决方案并对方案进行评估，最终判定侵权比例责任是否可以引入，并分析引入侵权比例责任的理论支撑和实践完善。

在具体侵权人不确定的情况，我国采取的是过错推定原则，多数情况适用平均责任，显然对众多无辜不公平。如果适用侵权比例责任，既可以缩小侵权人范围，也可以在侵权人合理分担侵权比例责任。受害人不确定是指受害人受害的可能性不确定，受害的可能性决定其获得赔偿的多寡。根据侵权人的侵权原因力大小，确定赔偿受害人的侵权比例责任。侵权人与受害人之间因果关系不确定的大规模产品侵权，一般依据市场份额确定侵权比例责任。致害具体原因不确定的医疗纠纷，通常依据医疗机构过错参与度确定承担的侵权比例责任。损害全部不确定的机会丧失案件，在我国司法实践较少，也是依据受害人存活机会的比例确定责任。多数人侵权责任的分担，是我国侵权比例责任适用最多的类型。如果能够确定侵权人责任大小直接适用按份责任，按份责任也是侵权比例责任的一种形式；如果不能确定责任大小，通常对外先承担连带责任，对内根据原因力和过错大小分担。确实不能区分责任大小的，平均分担。无论是按份责任、内部分担和平均责任都是侵权比例责任的不同形式。其他原因造成受害人损害，也是侵权人和其他致害原因按照比较原因力和过错分担责任。

因此，我国司法实践借鉴侵权比例责任的分担方式，不仅解决了因果关系不明的责任分担，也更精准、更科学地解决了侵权人与受害人之间，多数侵权人之间以及侵权人与其他因素之间的侵权比例责任。

结 论

通过对侵权比例责任的概念、类型、适用三个方面的论述与比较，本书已分别从"侵权比例责任是什么""有几种侵权比例责任""侵权比例责任在哪些情形适用"三方面较为全面地回答了侵权比例责任的界定、类型化及适用问题。最主要的是分析了我国侵权责任法借鉴侵权比例责任的必要性及理论基础，最后探索侵权比例责任在我国侵权责任法实践中的可行性模式。

第一，侵权比例责任最早源于英美法系，在因果关系不明情况下，根据因果比例关系确定侵权比例责任。现在，广义的侵权比例责任包括因果不明侵权比例责任和一般按比例划分的责任。也就是说，无论因果关系是否明确，只要按一定比例划分侵权责任，都是侵权比例责任。侵权比例责任主要在侵权人与受害人之间、多数侵权人之间以及侵权人与第三之间，按照比较原因力和比较过错，分担侵权责任。

第二，本文主要从因果不明的侵权比例责任入手，对其进行类型化探索。目前有学者将因果不明侵权比例责任分为A、B、C、D四大类和九个子类。文章结合这四大类和相关案例，进行比较分析各国所持态度。比较的第一步是审查每种类型的案件，在各国现有法律中适用的责任形式及理由；第二步将侵权比例责任与其他责任形式实际效果进行对比。第三步是评估哪种责任形式最符合侵权法目标。第四步是确定是否适用侵权比例责任。结果表明，侵权比例责任在某些案件中可行性较高。

第三，侵权比例责任其实在我国早已适用。适用于因果关系确定的情况下，侵权人与受害人之间、多数侵权人之间通过比较原因力和过错，按一定比例分担责任，更多地体现在责任比例划分上。此外，在侵权人不确定、受害人受害可能性不确定、多数人侵权以及其他原因造成部分损害不确定等情况下，都可以引入侵权比例责任。

通过对侵权比例责任的比较研究，原有侵权责任分担的按份责任、公平责任都可以纳入侵权比例责任中。在大数据的科技背景下，侵权比例责任的责任分担更科学、更精准、更规范。

参考文献

一、中文文献

[1] 江平、张佩霖:《民法教程》,中国政法大学出版社1986年版。

[2] 佟柔主编:《中国民法》,法律出版社1990年版。

[3] 梁慧星:《中国民法典草案建议稿附理由:侵权行为编·继承编》,法律出版社2004年版。

[4] 梁慧星:《民法解释学》,法律出版社2009年版。

[5] 王泽鉴:《民法学说与判例研究(第1册)》,中国政法大学出版社1998年版。

[6] 王泽鉴:《民法学说与判例研究(第6册)》,中国政法大学出版社1998年版。

[7] 王利明:《侵权责任法研究(上卷)》,中国人民大学出版社2010年版。

[8] 王利明:《民法·侵权行为法》,中国人民大学出版社1993年版。

[9] 王利明:《民法典·侵权责任法研究》,人民法院出版社2003年版。

［10］王利明：《民商法研究（第 3 辑）》，法律出版社 2014 年版。

［11］王利明、杨立新编著：《侵权行为法》，法律出版社 1996 年版。

［12］王利明：《中国民法典争鸣·王利明卷》，厦门大学出版社 2017 年版。

［13］杨立新：《侵权法论》，人民法院出版社 2005 年版。

［14］杨立新：《侵权责任法》，法律出版社 2018 年版。

［15］杨立新：《民法总则：条文背后的故事与难题》，法律出版社 2017 年版。

［16］张新宝：《侵权责任构成要件研究》，法律出版社 2007 年版。

［17］张新宝：《侵权责任法原理》，中国人民大学出版社 2005 年版。

［18］张新宝：《中国侵权行为法》，中国社会科学出版社 1998 年版。

［19］王卫国：《过错责任原则：第三次勃兴》，浙江人民出版社 1987 年版。

［20］陈聪富：《因果关系与损害赔偿》，北京大学出版社 2006 年版。

［21］梅仲协：《民法要义》，中国政法大学出版社 1998 年版。

［22］王军：《侵权法上严格责任的原理和实践》，法律出版社 2006 年版。

［23］李仁玉：《比较侵权法》，北京大学出版社 1996 年版。

［24］李中原：《多数人侵权责任分担机制研究》，北京大学

出版社 2014 年版。

[25] 梁清:《原因力研究》,人民法院出版社 2012 年版。

[26] 王利明主编:《人身损害赔偿疑难问题:最高人民法院人身损害赔偿司法解释之评论与展望》,中国社会科学出版社 2004 年版。

[27] 程啸:《侵权行为法总论》,中国人民大学出版社 2008 年版。

[28] 李响编著:《美国侵权法原理及案例研究》,中国政法大学出版社 2004 年版。

[29] 蔡颖雯:《侵权过错认定法律问题研究》,法律出版社 2016 年版。

[30] 史尚宽:《债法总论》,中国政法大学出版社 2000 年版。

[31] 《〈中华人民共和国道路交通安全法〉逐条详解与立法原始资料》编写组编:《〈中华人民共和国道路交通安全法〉逐条详解与立法原始资料》,中国方正出版社 2003 年版。

[32] 张民安:《现代法国侵权责任制度研究》,法律出版社 2003 年版。

[33] 张民安:《过错侵权责任制度研究》,中国政法大学出版社 2002 年版。

[34] 王泽鉴:《侵权行为》,北京大学出版社 2009 年版。

[35] 王泽鉴:《民法学说与判例研究(第 2 册)》,中国政法大学出版社 1998 年版。

[36] 曾世雄:《损害赔偿法原理》,中国政法大学出版社 2001 年版。

[37] 徐国栋主编:《绿色民法典草案》,社会科学文献出版社 2004 年版。

［38］冯珏：《英美侵权法中的因果关系》，中国社会科学出版社 2009 年版。

［39］邱聪智：《新订民法债编通则（上）》，中国人民大学出版社 2003 年版。

［40］邱聪智：《新订民法债编通则（下）》，中国人民大学出版社 2004 年版。

［41］邱聪智：《民法研究（一）》，中国人民大学出版社 2002 年版。

［42］张铁薇：《共同侵权制度研究》，法律出版社 2007 年版。

［43］于敏：《日本侵权行为法》，法律出版社 1998 年版。

［44］于敏：《机动车损害赔偿责任与过失相抵——法律公平的本质及其实现过程》，法律出版社 2006 年版。

［45］孔祥俊：《民商法新问题与判解研究》，人民法院出版社 1996 年版。

［46］王竹：《侵权责任法疑难问题专题研究》，中国人民大学出版社 2012 年版。

［47］王竹：《侵权责任分担论——侵权损害赔偿责任数人分担的一般理论》，中国人民大学出版社 2009 年版。

［48］胡雪梅：《英国侵权法》，中国政法大学出版社 2008 年版。

［49］最高人民法院侵权责任法研究小组编著：《〈中华人民共和国侵权责任法〉条文理解与适用》，人民法院出版社 2016 年版。

［50］杨垠红：《侵权法上作为义务——安全保障义务之研究》，法律出版社 2008 年版。

［51］魏振瀛主编：《民法》，北京大学出版社 2000 年版。

[52] 江平、米健：《罗马法基础（修订本第三版）》，中国政法大学出版社2004年版。

[53] 王家福主编：《中国民法学·民法债权》，法律出版社1991年版。

[54] 马俊驹、余延满：《民法原论》，法律出版社2007年版。

[55] 马俊驹：《民法基本问题研究——马俊驹教授论文集》，法律出版社2015年版。

[56] 程啸：《民法原理与规范解释》，法律出版社2015年版。

[57] 郭辉：《共同危险侵权责任制度研究》，中国政法大学出版社2017年版。

[58] 孙大伟：《市场份额规则理论研究——以普通法侵权解释理论为基础》，上海人民出版社2012年版。

[59] 周友军：《交往安全义务理论研究》，中国人民大学出版社2008年版。

[60] 余能斌、马俊驹主编：《现代民法学》，武汉大学出版社1995年版。

[61] 郑玉波著，陈荣隆修订：《民法债编总论》，中国政法大学出版社2004年版。

二、中文译著类

[1]［美］E.博登海默：《法理学：法律哲学与法律方法》，邓正来译，中国政法大学出版社1999年版。

[2] 欧洲侵权法小组编著：《欧洲侵权法原则：文本与评注》，于敏、谢鸿飞译，法律出版社2009年版。

[3]［美］约翰·罗尔斯：《正义论》，何怀宏、何包钢、廖申白译，中国社会科学出版社1998年版。

[4] [古希腊] 亚里士多德:《尼各马可伦理学》,廖申白译注,商务印书馆2003年版。

[5] [美] H. L. A. 哈特、托尼·奥诺尔:《法律中的因果关系》,张绍谦、孙战国译,中国政法大学出版社2005年版。

[6] [意] 桑德罗·斯奇巴尼选编:《债 私犯之债 阿奎利亚法》,米健译,中国政法大学出版社1992年版。

[7] [德] 马克西米利安·福克斯:《侵权行为法》,齐晓琨译,法律出版社2006年版。

[8] [德] 克里斯蒂安·冯·巴尔:《欧洲比较侵权行为法(下卷)》,焦美华译,法律出版社2001年版。

[9] [德] 黑格尔:《小逻辑》,贺麟译,商务印书馆1980年版。

[10] [荷] J. 施皮尔主编:《侵权法的统一:因果关系》,易继明等译,法律出版社2009年版。

[11] [德] 汉斯·普维庭:《现代证明责任问题》,吴越译,法律出版社2000年版。

[12] [加拿大] 欧内斯特·J. 温里布:《私法的理念》,徐爱国译,北京大学出版社2007年版。

[13] [美] W. D. 罗斯:《亚里士多德》,王路译,商务印书馆1997年版。

[14] [德] 鲁道夫·冯·耶林:《罗马法中的过错要素》,柯伟才译,中国法制出版社2009年版。

[15] [奥] 肯·奥利芬特主编:《损害的合并与分割》,周学峰、王玉花译,中国法制出版社2012年版。

[16] [德] 格哈德·瓦格纳主编:《比较法视野下的侵权法与责任保险》,魏磊杰、王之洲、朱淼译,法制出版社2012年版。

[17] [美] 爱伦·M. 芭波里克选编：《侵权法重述纲要》，许传玺、石宏、董春华等译，法律出版社 2016 年版。

[18] [美] G. 爱德华·怀特：《美国侵权行为法：一部知识史（原书增订版）》，王晓明、李宇泽，北京大学出版社 2014 年版。

[19] [德] 迪尔克·罗歇尔德斯：《德国债法总论》，沈小军、张金海译，中国人民大学出版社 2014 年版。

三、中文论文类

[1] 王旸：《侵权行为法上因果关系理论研究》，载梁慧星主编：《民商法论丛》（第 11 卷），法律出版社 1999 年版。

[2] 王利明：《论共同危险行为中的加害人不明》，载《政治与法律》2010 年第 4 期。

[3] 王利明：《抛掷物致人损害的责任》，载《政法论坛》2006 年第 6 期。

[4] 张新宝：《侵权责任法立法的利益衡量》，载《中国法学》2009 年第 4 期。

[5] 张新宝：《设立大规模侵权损害救济（赔偿）基金的制度构想》，载《法商研究》2010 年第 6 期。

[6] 张新宝、明俊：《侵权法上的原因力理论研究》，载《中国法学》2005 年第 2 期。

[7] 杨立新：《医疗损害责任概念研究》，载《政治与法律》2009 年第 3 期。

[8] 杨立新：《论医疗过失赔偿责任的原因力规则》，载《法商研究》2008 年第 6 期。

[9] 杨立新、梁清：《原因力的因果关系理论基础及其具体应用》，载《法学家》2006 年第 6 期。

［10］杨立新：《〈侵权责任法〉应对大规模侵权的举措》，载《法学家》2011年第4期。

［11］程啸：《试论侵权行为法之补偿功能与威慑功能》，载《法学杂志》2009年第3期。

［12］程啸：《机动车损害赔偿责任主体研究》，载《法学研究》2006年第4期。

［13］程啸：《共同危险行为论》，载《比较法研究》2005年第5期。

［14］叶秋华、刘海鸥：《论古代罗马侵权行为法的发展演变》，载《法学家》2006年第6期。

［15］张明楷：《犯罪构成理论的课题》，载《环球法律评论》2003年秋季号。

［16］魏振瀛、王小能：《论构成民事责任条件中的过错》，载《中国法学》1986年第5期。

［17］刘鑫：《医疗损害鉴定之因果关系研究》，载《证据科学》2013年第3期。

［18］何颂跃：《损伤参与度的评定标准》，载《法律与医学杂志》1998年第1期。

［19］郭玉坤、郭萍：《海洋油污染纯粹经济损失赔偿标准探究》，载《大连理工大学学报（社会科学版）》2015年第2期。

［20］王世进、曾祥生：《侵权责任法与环境法的对话》，《环境侵权责任最新发展——兼评〈中华人民共和国侵权责任法〉第八章》，载《武汉大学学报（哲学社会科学版）》2010年第3期。

［21］竺效：《论无过错联系之数人环境侵权行为的类型——兼论致害人不明数人环境侵权责任承担的司法审理》，载《中国法学》2011年第5期。

[22] 王爱群：《城市复合型大气污染侵权中的比例责任——对日本环境污染诉讼判例中比例责任的考察》，载《法制与社会》2014年第7期。

[23] 韩强：《论抛掷物、坠落物致损责任的限制适用——〈侵权责任法〉第87条的困境及其破解》，载《法律科学（西北政法大学学报）》2014年第2期。

[24] 王千维：《环境损害中多数污染源之组合形式及其在侵权行为法上责任归属之基本原则》，载《政大法学评论》2000年第1期。

[25] 杨素娟：《论环境侵权诉讼中的因果关系推定》，载《法学评论》2003年第4期。

[26] 曹险峰：《数人侵权的体系构成——对侵权责任法第8条至第12条的解释》，载《法学研究》2011年第5期。

[27] 曹险峰：《论"多因一果"的侵权行为——兼论多数人侵权行为体系之建构》，载《法律科学（西北政法学院学报）》2007年第5期。

[28] 周友军：《我国共同侵权制度的再探讨》，载《社会科学》2010年第1期。

[29] 陈聪富：《"存活机会丧失"之损害赔偿》，载《中原财经法学》2008年第1期。

[30] 覃有土、晏宇桥：《论侵权的间接损失认定》，载《现代法学》2004年第4期。

[31] 张永琴：《试论交通事故的责任认定》，载《政府法制》2010年第10期。

[32] 田韶华、樊鸿雁：《论机会丧失的损害赔偿》，载《法商研究》2005年第4期。

[33] 杨垠红：《丧失生存机会侵权中比例责任之适用》，载《华东政法大学学报》2016年第1期。

[34] 杨垠红：《多因不明侵权中比例责任之适用》，载《政法论坛》2013年第4期。

[35] 王竹：《试论市场份额责任在多因大规模网络侵权中的运用——以"艳照门"事件为例》，载《政治与法律》2008年第1期。

[36] 王竹：《论法定型不真正连带责任及其在严格责任领域的扩展适用》，载《人大法律评论》2009年第1期。

[37] 王竹、杨立新：《侵权责任分担论》，载《法学家》2009年第5期。

[38] 吴国喆：《论高空抛物致害的比例责任承担》，载《西北师大学报（社会科学版）》2016年第6期。

[39] 范晓红：《域外法中因果关系不明的比例责任适用》，载《法制与社会》2016年第10期。

[40] 谢远扬：《论侵害人不明的大规模产品侵权责任：以市场份额责任为中心》，载《法律科学（西北政法大学学报）》2010年第1期。

[41] 刘媛媛：《无意思联络数人侵权比例责任之适用》，载《西南政法大学学报》2018年第3期。

四、外文类

[1] Ken Oliphant, "Uncertain Factual Causation in the Third Restatement: Some Comparative Note", 37 *Wm. Mitchell L. Rev.* 2011.

[2] Omri Ben-Shahar, "Causation and Foreseeability", in: *Tort Law and Economics*, edited by Michael Faure, Edward Elgar

Publishing Limited 2009.

[3] Sandy Steel and David Ibbetson, "More Grief on Uncertain Causation in Tort", *C. L. J. 2011*, 70 (2).

[4] Donal Nolan, "Causation and the Goals of Tort Law", in: *The Goal of Private Law*, edited by Andrew Robertson and Tang Hang Wu, Hart Publishing 2009.

[5] John Makdisi, "Proportional Liability: A Comprehensive Rule to Apportion Tort Damage Based on Probability", 67 *North Carolina Law Review* (*NC L Rev*) 1989.

[6] Christopher H. Schroeder, "Corrective Justice and Liability for Increasing Risks", 37 *UCLA L. Rev.*, 1990.

[7] Joseph King, "Causation, Valuation, and Chance in Personal Injury Torts Involving Preexisting Conditions and Future Consequences", *Y. L. J.*, 1981.

[8] Israel Gilead, Michael D. Green and Bernhard A Koch, "General Report: Causal Uncertainty and Proportional Liability: Analytical and Comparative Report, Israel Gilead", Michael D. Green and Bernhard A Koch eds., *Proportional liability: Analytical and Comparative Perspectives*, De Gruyter, 2013.

[9] A. Stremitzer & A. Tabbach, "The Robustness Case for Proportional Liability", *The B. E. Journal of Theoretical Economics*, 14 (1), 2014.

[10] Andre Tunc, "International Encyclopedia of Comparative Law, Torts, Introduction", *J. C. B. Mohr (Paul Siebeck) Tübingen*, 1974.

[11] European Group on Tort Law, "Principles of European

参考文献

Tort Law; Text and Commentary", *Springer*, 2005.

［12］P. Widmer（Ed.）, *Unification of Tort Law: Fault*, Kluwer Law International, 2005.

［13］HonÓre, Causation andc ch, 7, p. 129, in Tunc ed. Int. Encl. comp. Law（1983）, xi; Walter van Gerven etc. ,Tort Law, Hart Publishing, 2000.

［14］Smith S. E. , "Lost Chance of Survival in Illinois: The Need for Guideline from the Illinois Supreme Court", *L. U. C. L. J.* 23, 1991.

［15］Restatement of the Law, Third, Torts: Products Liability § 15. 2016.

［16］Allen Rostron, "Beyond Market Share Liability: a Theory of Proportional Share Liability for Nonfungible Products", *UCLA Law Review*, 2004.

［17］Ariel Porat & Ales Stern, "Tort Liability under Uncertainty 106（2001）: Kenneth W. Simins, Corrective Justice and Liability for Risk-Creation: A Comment", 38 *UCLA L. REV.* 1990.

［18］Robert J. Peaslee, "Multiple Causation and Damage", *Harvard Law Review*（Vol47）.

［19］Donald G. Gifford and Paolo Pasicolan, "Market Share Liability Beyond DES Cases: The Solution to the Causation Dilemma in Lead Paint Litigation?" ,58 *S. C. L. Rev.* , 2006.

［20］Richard N. Pearson, "Apportionment of Losses Under Comparative Fault Laws-An Analysis of the Alternatives", 40 *La. L. Rev.* , 1980.

［21］N Cohen, "Confidence in Probability: Burdens of Persuasion in a World of Imperfect Knowledge", 60 *New York University Law Review* 397f, 1985.

[22] R Delgado, "Beyond Sindell: Relaxation of Cause-in-Fact Rules for Indeterminate Plaintiffs", 70 *Cal. L. R-ev.*, 1982.

[23] GO Robinson, "Multiple Causation in Tort Law: Reflections on the DES Cases", 68 *Virginia Law Review*, 1982.

[24] WM Landes/RA Posner, *The Economic Structure of Tort Law*, 1987.

[25] DA Farber, "Toxic Causation", 71 *Minnesota Law Review*, 1987.

[26] S Levmore, "Probabilistic Recoveries, Restitution, and Recurring Wrongs", 19 J. Legal Stud. 691, 1990.

[27] A Porat/A Stein, "Tort Liability Under Uncertainty", 2001.

[28] C Lin, "Beyond Tort: Compensating Victims of Environmental Toxic Injury", 78 *Southern California Law Review*, 2005.

后 记

本书是在我博士论文的基础上修改而成的。此书得以出版，感谢所有帮助我、支持我的老师、领导、朋友及家人。

岁月如梭，白驹过隙，从考上武汉大学的博士到博士论文完工实属不易。这些年辗转在深圳工作与武汉学习，这两地仿佛是生命中不可或缺的两个点，时而来往，时而停留，为人生平添了很多体验与感慨。体验到工作和学习的不同心境，体验到人生往上攀登的艰辛，体验到努力成就后的喜悦。感慨及时当勉励，岁月不待人，感慨人生必在勤，不索何收获，感慨有志者事竟成，苦心人天不负。

感谢我的博士生导师张里安教授！恩师言传身教，如清风拂面，沐浴心灵。教书育人，严谨有方，为人处世，谦和豁达；表里如一，实为表率。有时略有松懈，便得恩师关心，指导学习方向，鼓励精进研究、终有成功之时。撰写论文期间，多次请教恩师，恩师不厌其烦，有求必应，每每抽时间面谈，常常亲自动笔修改。因学生才学疏浅，恩师诲人不倦，从论文的提纲到具体写作，恩师循循善诱、谆谆教导。人生遇此恩师，实为大幸！

读博士研究生多年也得到武汉大学法学院民商法的多位老

师的关怀与指导，感谢温世扬老师、余延满老师、张素华老师、陈本寒老师、李新天老师、李承亮老师和罗昆老师，从论文选题后的开题，到论文写成后的预答辩，老师们都提出了宝贵的意见与建议，使我在学术上不断成长，不断提高！

感谢王莹院长鼓励我、帮助我出版此书，感谢张可师兄无数次从中文的角度指导修改论文。感谢武汉大学罗勇师兄一直真诚的关心和帮助。感谢那些给予深切关爱和热心支持的领导同事、师兄弟姐妹和朋友们，我深知，自己每一点一滴的进步都离不开他们的全力提携与扶持。

还要感谢我的父母和我的先生这些年的理解与支持。父母多年背井离乡来深圳帮忙操持家务，看管俩孩子，父亲的宽厚、母亲的勤劳都让我有时间潜心学习和钻研，安心写作。我先生一直理解我读博的不易，鼓励我一定要努力毕业，给我无限的物质支持和精神鼓舞。因为家人的默默付出，孩子们懂事孝顺，让我领悟到人生的真谛。

学会珍惜拥有，懂得知足感恩！

景 艳

2023 年 12 月 16 日